올드 이코노미

욜드 이코노미

YOUNG OLD ECONOMY

매일경제 국민보고대회팀 지음

매일경제신문사

욜드 없으면
선진국클럽 진입 어렵다

인구 5,000만명, 1인당 국민소득 3만 달러가 넘는 나라를 '3050클럽'이라고 합니다. 현재 전 세계에 7개 나라밖에 없습니다. 일본, 미국, 영국, 독일, 프랑스, 이탈리아 그리고 한국. 우리 나라는 지난 2017년 3050클럽에 가입했습니다.

그러나 우리가 3050클럽에 가입한 순간부터 위기는 싹트고 있었습니다. 저출산 고령화로 한국의 인구는 2044년 5,000만 명 밑으로 떨어질 것으로 예상됩니다. 중진국의 함정에 빠져 잠재 성장률도 지속해서 떨어지고 있습니다.

더욱이 한국은 경제협력개발기구OECD 회원국 중 고령화 속도 가 가장 빠릅니다. 65세 이상 고령인구 비중이 급증하는 반면 15~64세 생산가능인구는 해마다 줄고 있습니다. 노인부양을 위한 재정지출도 급속히 늘고 있습니다. 지금의 고령화 추세라면 2030년 한국의 성장률은 2%대도 어렵습니다. 급속한 고령화로 잠재성장률이 떨어져 우리 경제를 심각하게 짓누르는 상황이 이어질 것이라는 얘기입니다.

〈매일경제〉는 그 해법을 '욜드'에서 찾았습니다. 최근 등장한 욜드YOLD는 젊어진 노인 인구young old의 줄임말로 65~79세 사이의 인구를 뜻합니다. 과거보다 건강하고 교육도 많이 받은 욜드 은퇴자들이 매년 쏟아져 나오면서 2020년 한국의 욜드 인구는 사상 처음으로 600만 명을 돌파하게 됩니다. 성장률을 끌어올리려면 노동·자본·기술 등 생산요소가 모두 증가해야 합니다. 출산율을 높여 노동을 늘리기 어렵다면 욜드를 활용해 노동인구를 늘리는 방향을 생각해봐야 합니다.

2020년 1월 초 미국 라스베이거스에서 열린 세계가전박람회 CES에서는 고령층의 근력 부활을 돕는 외골격 로봇이 크게 눈길을 끌었습니다. 팔에 끼우거나 엉덩이에 걸치는 외골격 로봇을 입으면 노인일지라도 무거운 물건을 드는 데 전혀 문제가 없습니다. 로보틱스 덕분에 고령자들과 젊은이들이 신체적으로 평등해진 시대가 온 것입니다.

뿐만이 아닙니다. 유튜브 등 새로운 미디어 채널을 활용해 소통에 적극적으로 나서고 있는 고령층들을 많이 보셨을 겁니다. 제 주변에는 70대나 80대에 박사학위를 받는 분들도 있습니다.

창의력에는 정년이 없고, 나이가 들수록 지식의 축적도 커집니다. 최고 지성들이 모여있는 대학만 해도, 한국은 65세 정년제가 있지만 미국은 정년이 없습니다. 지난해 노벨 화학상을 받은 미국 텍사스대 존 굿이너프 교수는 97세에도 매일 연구실에 나가 연구를 했고, 최고령 노벨상 수상자가 되기도 했습니다.

〈매일경제〉 신문은 올해 54살이 됐습니다. 창간 54주년이 되는 해를 맞아 54년생들을 돌아보니, 이들은 마침 만 65세, 통계상 고령 인구로 분류되기 시작한 나이입니다. 지난 50여 년간 〈매일경제〉는 한국을 1인당 국민소득 5만 달러 선진국클럽에 진입시키기 위해 큰 노력을 해왔습니다. 하지만 욜드 세대를 활용하지 않고 선진국클럽에 진입하는 것은 불가능에 가깝습니다. 현재 지구상에 인구가 5,000만 명 이상이면서 1인당 국민소득 5만 달러가 넘는 나라는 미국뿐입니다. 미국 같은 '5050클럽'은 단 1개국에 불과하다는 얘기입니다.

욜드가 주도하는 이상적 경제상태를 뜻하는 욜디락스Yoldilocks 구현을 통해 한국이 미국에 이어 그 두 번째 국가에 도전해 볼 때입니다. 이제부터 욜디락스로 가기 위한 새로운 비전과 전략을 제시해 보겠습니다.

매경미디어그룹 회장 장대환

욜드의 힘으로
다시 비상하는
한국 경제를 위하여!

우리 사회에서 '나이 든 사람OLD'들은 어떤 존재일까요? 이들은 열정이 있음에도 정년 때문에 마음 놓고 일할 수 없는 사람, 국가가 지원하는 연금이나 자식이 주는 용돈에 의지해 여생을 살아야 하는 사람, 청년들 못지않은 능력과 체력이 있음에도 사회가 '당연하게' 우대해줘야 하는 존재로만 인식되는 사람들입니다. 역사적으로 보면 이들은 고도성장기에 산업현장에서 피땀 흘리며 국가 경제발전에 기여해 온 역군이었고, 1997년 IMF 외환위기와 2008년 미국발 금융위기를 극복해 낸 소중한 인적 자산이었습니다. 그러나 지금 이들은 국민연금, 건강보험 등 사회보험 재정을 축내고 우리 경제에 부담만 주는 사람들로 취급받기도 합니다.

이 책은 이러한 시각들을 정면으로 반박하는 한편, '욜드'의 등장과 그에 따른 긍정적 변화들을 체계적으로 조명합니다. 욜드는 은퇴 이후 하고 싶은 일을 능동적으로 찾아 도전하며, 적극적으로 소비하고, 새로운 문화 활동에 나섭니다. 이미 전 세계 119만 명의 구독자를 가진 유튜브 크리에이터 박막례 할머니, 최근 패션쇼 런웨이와 5세대 이동통신(5G) 광고에 등장한 국내 최초 시니어 모델 김칠두 씨는 우리 시대 '욜드'가 상징하는 이미지를 잘 보여주고 있습니다. 욜드는 은퇴 이후 조용히 여생을 보내는 수동적 존재가 아니라, 앞으로 우리 경제의 새로운 시대를 이끌어 갈 주인공이 될 수 있음을 의미합니다.

이들의 등장은 단순히 나이 든 세대의 새로운 가능성으로 끝나는 것이 아닙니다. 그들의 참여가 우리 경제에도 새로운 가능성을 더할 수 있습니다. 이 책이 이야기하는 '욜디락스'의 구현이 바로 그것입니다. 앞으로는 욜드의 활동 범위가 더 커질 것이고, 그렇게 되면 지금까지 젊은 인구 중심으로 만들어져 왔던 사회 인프라도 새로운 흐름에 맞춰 변화해 나갈 것입니다. 그 과정에서 우리 산업의 지형 역시 많은 부분 바뀔 것으로 생각되며, 이러한 변화 속에서 우리 경제가 다시 성장해나갈 수 있습니다. 실제로 한국보건산업진흥원은 2020년이면 이들의 소비 시장이 약 73조 원에 달할 것으로 예측하기도 했습니다.

물론 이러한 욜디락스의 구현을 위해서는 우리 인식뿐만 아니라 전반적인 산업 환경의 전환도 필요합니다. 일하고 싶은 노인은 더 일할 수 있어야 하고, 쉬고 싶을 땐 생계의 걱정이 적어야 하며, 참여할 수 있는 사회 영역에 막힘이 없어야 합니다. 이를 위한 노동시장 유연화와 산업규제 개선, 촘촘한 사회안전망 구축, 생애 맞춤형 직업훈련이야말로 '나이로부터 자유로운 사회Age-free society'를 만들기 위한 최소한의 준비라고 할 수 있습니다. 우리보다 앞서서 시니어 경제를 구축하고 있는 미국, 일본, 네덜란드, 덴마크 등 선진국의 사례 역시 주의 깊게 살펴봐야 합니다.

그래서 이번 《욜드 이코노미》의 발간이 반갑습니다. 그간 주로 에세이나 자기계발서 형태로 액티브 시니어를 다룬 것과 달리, 이 책은 산업 전반과 해외 사례를 분석하고 빅데이터를 활용한 트렌드까지 총망라하여 시니어 비즈니스의 미래를 현실적으로 제시하고 있습니다. 여기에 사회 전반을 아우르는 인사이트가 담겨 있어, 앞으로 '욜드 이코노미'의 활성화를 통해 우리 경제가 새롭게 도약하는 미래로 가는 데 좋은 지침서가 될 것으로 생각됩니다. 노인 세대뿐만 아니라 모든 세대가 꼭 읽었으면 합니다. 이 책을 통해 다가올 큰 변화와 그에 따른 우리 경제의 미래를 그려보고, 더 희망적인 미래에 도달하기 위한 혜안을 찾을 수 있기를 바랍니다.

CJ그룹, 한국경영자총협회 회장 손경식

누가 욜드를
모함했나

늙는다.

부모님이 늙어가고, 조직은 고령화되고 있으며, 사회가 점점 나이 들어간다. 국가도 예외는 아니다. 현재 고령사회인 대한민국은 2025년이면 초고령사회로 진입할 예정이다.

'늙음'을 얘기할 때 뒤따라오는 것들은 걱정과 불안을 반반씩 버무린 괴담이 대부분이다. 초고령사회에 진입하면 연금 고갈이 빨라질 것이고, 퇴직 후에는 용돈만도 못한 돈을 받게 될 거라는 둥, 생산연령 인구가 부족해져 70이 넘은 노인도 일해야 하는 상황이 벌어질 수 있다는 둥, 잿빛 미래에 대한 전망뿐이다. 이 대화는 '결국 젊었을 때 노후자금을 한 푼이라도 더 모아야 한다'는 우울한 결론으로 한숨과 함께 끝이 난다.

한국뿐만이 아니다. 전 세계가 늙는다. 2020년대에는 할아버지·할머니가 손자·손녀보다 많아지는 시기다. 이제 할머니 댁 거실에서 거대한 가족사진을 보긴 어려워질 것이다. 앞으로는 전 세계 어디를 가도 할머니 댁 거실에는 조부모와 자녀 부부, 손주 1명으로 구성된 단출한 가족사진을 만날 가능성이 크다.

이른바 젊은이 숫자가 정점을 찍고 내려오는 '피크 유스Peak Youth'를 경험하게 될 것이다. 인류 역사상 처음으로 65세 이상 고령 인구가 5세 미만인 유아 인구를 넘어서는 시기가 온 것이다.

실제로 지난 1950년 5세 미만 인구는 3억 4,000만 명에서 2015년 6억 7,000만 명으로 늘어났다. 반면 65세 이상 인구는 1950년 1억 3,000만 명에서 2015년 6억 1,000만 명으로 늘어났다. 노인 증가와 영유아 감소가 맞물리면서 노인 인구 증가 속도가 급격히 빨라진 탓이다. 과학의 발달로 기대 수명은 급격하게 늘어나는데, 출산은 그만큼 늘지 않는다.

또 베이비붐 세대들의 은퇴가 고령화 사회를 앞당기기도 했다. 제2차 세계대전이 끝나자 사람들은 줄줄이 아이를 낳기 시작해 출산율이 폭발적으로 늘었다. 55년생부터 시작되는 베이비붐 세대들이 은퇴를 시작하는 시기가 바로 2020년이다. 한국의 은퇴자 수는 2017~2019년 평균 50만 명이었으나, 2020년부터는 그 수가 급증한다. 2020년 68만 명, 2022년 70만 명, 2024년 78만 명, 2026년 91만 명으로 가파르게 늘어날 전망이다.

하지만 요즘 은퇴자들의 모습은 예전과 사뭇 다르다. 우선 나이에 비해 젊다는 느낌이 많이 든다. 실제로 일을 하고자 하는 그들의 의욕이 높고 소득이나 자산도 다른 계층보다 월등히 높은 편이다. 최근에는 이 세대를 통칭하는 신조어로 '욜드YOLD, young old'란 단어가 흔히 쓰이고 있다. 젊다는 의미의 영어 단어 'young'과 고령층이라는 의미의 영어단어 'old'를 합쳐서 만든 '욜드 세대'는 이름이 시사하듯 젊지도 늙지도 않은 게 특징이다. 이들은 과거 60대에 비해 교육 수준이 높고, 경제적으로도 부유하며, 건강하다.

한국에서도 베이비붐 세대가 부동산붐의 주역이었듯, 미국에서도 연간 개인소득이 가장 높고 순 자산이 가장 많은 세대가 60대다. 이들 베이비붐 세대가 자산과 소득을 보유한 채 은퇴하게 되면 막대한 소비 세력이 될 게 뻔하다. 이미 베이비붐 세대는 그냥 소비하는 게 아니라 소비산업 자체를 바꿔놓고 있다. 이들은 그냥 병원에 다니는 대신 의료제도를 바꾸고, 옷을 사 입는 것을 넘어서 패션산업을 바꾸어 놓고 있다.

욜드 세대는 목발이나 지팡이에 의존해야만 걸어다닐 수 있는 불편한 존재들이 아니다. 오히려 한국경제의 새로운 미래다. 〈매일경제〉 국민보고대회팀은 욜드 세대가 만들어갈 미래 경제 호황을 '욜디락스'라고 명명했다. 경제학자들은 뜨겁지도 차갑지도 않은 이상적인 경제 상황을 '골디락스'라고 부르는데, 젊지도 늙지도 않은 욜드 세대가 주도하는 경제 부활을 '욜디락스'라고 이름 붙인 것이다.

자, 이쯤 되면 머릿속을 스치고 지나가는 도시들이 있을 것이다. 은퇴한 고령자들의 천국이라 불리는 미국 플로리다 마이애미 비치나 일본, 혹은 북유럽 등지에서 공동체 생활을 하는 장년층 등이 먼저 떠오른다. 우리보다 짧게는 10년, 길게는 20년 이상 먼저 초고령화 사회를 겪었던 이들은 어디서 기회를 찾았을까. 욜드가 원하는 트렌드는 무엇이며, 국가와 사회는 욜드를 어떻게 지원했을까.

꼬리에 꼬리를 무는 이런 질문을 풀기 위해 우리는 2019년 말부터 2020년 초까지 미국, 일본, 노르웨이, 프랑스, 덴마크, 핀란드 등을 샅샅이 훑었다. 연금개혁을 단행했던 핀란드의 전 총리도 만나고, 일본 아베 총리에게 노인 정책을 자문하는 유일한 외국인인 린다 그래튼 교수도 인터뷰했다. 노인이 많은 일본 도쿄에서는 여러 가지 비즈니스 기회도 포착할 수 있었다.

아무도 노화의 시계를 거꾸로 돌릴 수는 없다. 당신도 그 예정된 미래를 향해 갈 때, 헤매지 않을 수 있도록 지도가 필요할 것이다. 이 책이 그 역할을 해줄 수 있을 거라 믿는다.

늙는다. 그러나 아직 젊다.

차례

 ## 욜드의 탄생

빅데이터와 글로벌 현장서 뽑은
욜디락스 10대 트렌드

미리 가본 욜드 월드 : 국가

 미리 가 본 욜드 월드 : 산업

5장 욜디락스를 위한 준비, 액션 플랜

1장

욜드의 탄생

욜드의 막내 54년생,
그들은 누구인가

    1954년생이 오고 있다. 경자년인 2020년, 통계상 고령 인구로 분류되는 만 65세 이상 인구 중 '막내'는 누구일까? 바로 생일이 지나지 않은 54년생과 갓 생일이 지난 55년생들이다. 생일을 맞이함과 동시에, 54년생은 만 65세를 넘어서 한 살씩 더 먹어갈 예정이다. 대부분 은퇴자인 이들을 한국 사회는 돌봄의 대상으로 바라본다. 하지만 그들 다수는 여전히 팔팔하다! 타임머신을 타고 1954년생의 탄생과 성장, 그리고 은퇴까지를 돌아본다.

    1953년 7월 27일 휴정 협정 이후 태어난 54년생, 이들은 탄생 당시 66만 8,480명가량이었던 것으로 추정된다. 당시 통계청의 공식 출생자료는 남은 것이 없다. 다만 1955년의 간이 총인구조

서울 가구당 구성원

1953년		4.97명
1954년		5.26명
1955년		5.27명

자료: 통계청, 한국통계연감(1955년)

사의 원문에 따르면, 당시 1세를 맞이한 인구수가 66만 8,480명이었다. 남자가 34만 4,462명, 여자는 32만 4,018명이다.

이렇게 태어난 54년생은 베이비붐 세대baby boomer의 서막을 알리는 세대이다. 실제로 같은 통계를 살펴보면, 당시 막 태어난 0세, 즉 55년생의 숫자는 54년생보다 숫자가 훨씬 더 많다. 55년생은 83만 4,751명(남자 42만 8,912명, 여자 40만 5,839명)이 태어났고, 아이를 많이 낳은 '베이비붐'은 63년생까지 이어진다.

'5인 이상 대가구'로서의 전환은 이미 1954년부터 이뤄진 것으로 확인된다. 1954년 서울의 한 가구당 구성원이 처음으로 5명을 넘긴 것이다. 1953년 4.97명이던 서울의 가구당 구성원은 1954년 5.26명으로 '점프'한다. 이듬해 서울은 가구당 5.27명을 기록하게 되고, 이러한 추세는 한동안 이어진다.

54년생이 태어난 대한민국과 현재의 대한민국은 극명히 다른 모습이다. 1954년 한국의 1인당 국민소득은 3,200원이었다. 2018년 대한민국의 1인당 국민소득은 3,678만 7,000원이다. 54년생이 태어날 당시 한국은 경제성장률이 7.2%에 달하는 고성장 국가였지만, 2018년 한국의 경제성장률은 2.7%에 그친다. 그사이에 663억 원(1954년 기준)에 불과했던 국내총생산GDP은 2018년 1,893조 4,970억 원으로 급증하기에 이른다. 이런 수치 변화를 보이기까지, 54년생은 어떤 삶을 살았을까?

경제 성장 신화 함께 쓴 54년생

54년생은 격동의 세월을 보냈다. 21살이 된 1974년 육영수 저격 사건을 겪고, 같은 해 지하철 1호선이 개통되고 경부선 새마을호가 운행하는 모습을 보게 된다. 그로부터 5년 뒤에는 박정희 전 대통령 암살 소식을 접한다. 30대에는 86아시안게임과 88서울올림픽을 잇달아 경험하면서 함께 대한민국의 청사진을 그려간다.

54년생은 30대에 사회의 주축으로서 경제 성장 신화를 써낸 장본인이기도 하다. 이들이 41살이 된 1994년은 한국이 1인당 국민총소득GNI 1만 달러의 고지를 넘은 해다. 1980년대 중반에서 1990년대 중반까지 단군 이래 최대 호황을 누리며 한국의 국운이 뻗어 나갈 무렵, 성공 신화를 함께 쓴 것이다. 경제 성장뿐만 아니라 민주화 운동을 함께 이끈 주역이기도 하다. 1987년 청년들이 민주화 운동 최전방에 나서 맹활약할 때, 직장인인 이들은 '넥타이 부대'로 나서면서 힘을 실어줬고 민주화를 달성케 했다.

하지만, 1998년 IMF의 충격으로 40대 중반의 나이에 직장에서 혹독한 구조조정을 겪어야 했던 불운한 세대이기도 하다. 그로부터 20여 년이 지난 2020년, 만 65세를 맞이한 54년생들의 기대 수명은 어떻게 될까? 가장 최근인 2018년을 기준으로, 만 65세는 20.8년을 평균적으로 더 살 것이라는 통계청의 추정치가 나왔다. 새로 태어나는 0세는 82.7살까지 살 것으로 예상된다. 2018년 기준 한국의 54년생 숫자는 59만 1,473명이다.

50년 전으로 되돌아가 비교해보자. 당시 만 65세는 어떠했는가? 1970년 통계청 자료에 따르면, 당시 태어나는 0세는 62.3살을 살 것으로 예상됐다. 2018년에 태어나는 이들이 82.7살까지는 살 것으로 기대되는 것과 대조적이다. 만 65세에서 만 66세가 되지 못하고 사망할 확률인 '사망확률'도 달라졌다. 1970년의 만 65세는 1,000명 중 36명꼴로 그 해를 넘기지 못하고 사망했다. 그러나 2018년의 만 65세는 1,000명 중 7.2명만이 해를 넘기지 못하고 죽음에 도달한다.

기대수명과 사망확률

기대수명 — 62.3년
— 82.7년

65세의 사망확률 — 3.6%
(그 해를 넘기지 못하고
사망할 확률) — 0.72%

■ 1970
■ 2018

자료: 통계청, 완전생명표(1세별)

아직? 여전히! 팔팔한 54년생

전 세계적으로 54년생은 '노인'이란 단어가 무색하게 곳곳에
서 활약하고 있다. 독일에서 헬무트 전 총리 다음으로 최장수 총
리라는 타이틀을 달고 있는 앙겔라 메르켈 총리가 54년생이다.
2005년 11월에 독일 최초의 여성 총리이자, 최초 동독 출신 총
리라는 타이틀을 얻은 메르켈은 벌써 4번째 임기를 수행하고 있
다. 그녀는 미국 경제전문지 〈포브스〉가 선정한 '가장 영향력 있
는 여성' 순위에서 9년 연속 1위를 차지하기도 했다. 일본 헌정
사상 '최장수 총리'를 기록하고 있는 아베 신조 총리도 54년생이
다. 2006년 9월 첫 전후세대 총리가 된 아베는 '아베노믹스' 경

제 성과를 과시하지만, 총리 관저가 주도하는 무리한 정책으로 '독선적'이라는 꼬리표도 얻었다. 터키의 대통령 레제프 타이이 프 에르도안도 54년생이다. 그는 2003년부터 3선 총리를 연임 하다가, 2014년 터키 사상 처음 실행된 직선제 대선에서 대통령 에 당선됐고 현재까지도 대통령으로 활동하고 있다.

문화예술계도 살펴보자. 액션 영화와 스턴트 역사에 한 획을 그은 전설적인 홍콩 배우 성룡Jackie Chan이 54년생이다. 초기작 〈취 권〉(1978)과 〈사형도수〉(1978) 등으로 유명세를 날렸던 그는 〈폴 리스스토리〉(1985), 〈러시아워〉(1998)뿐 아니라, 2017년 할리우 드 제작진, 배우들과 합을 맞춰 〈더포리너〉에서 모든 액션을 대 역 없이 소화하는 노익장을 보여주기도 했다. 아카데미상을 두 차례 받은 유일한 흑인 배우 덴젤 워싱턴도 54년생이다. 골든글 로브 2회 수상, 골든글로브 평생공로상(2016) 등을 받은 기록도 있으나, 워싱턴은 쉼 없이 그의 길을 가고 있다.

한국인 중에는 '모래시계 검사'로 이름을 알리고 2017년 자유 한국당의 대선후보로 나선 홍준표 전 자유한국당 대표와 법무부 장관 등을 지낸 천정배 민생당 국회의원이 54년생이다. 형제들 로 구성된 전설적인 가족 밴드 산울림의 맏형이자 기타와 보컬, 작곡 등을 담당한 김창완도 54년생이다. 뛰어난 음악적인 성과 로 한국 대중음악계에 족적을 남긴 그는 최근까지 김창완밴드의 보컬로 활동을 하면서도 매년 다수의 드라마와 영화 등에서 연

앙겔라 메르켈　　아베 신조　　레제프 타이이프　　성룡　　덴젤 워싱턴
에르도안

기를 보여주고 있다. 한편, 한국 대중음악과 록을 정립한 것으로 평가받는 전인권도 54년생이다. 1984년 겨울, 밴드 들국화를 결성한 뒤 전인권은 독특한 창법을 자랑했으나 3년 뒤 대마초 흡연 혐의로 구속된 것을 시작으로 마약 복용 혐의로 5차례 구속됐다. 이후 "마약을 완전히 끊었다"고 밝힌 그는 새 앨범들을 내고 콘서트를 열면서 활동을 이어가고 있다.

만화 〈공포의 외인구단〉의 주인공 '오혜성'을 그려내 1980년대 사회적인 신드롬을 만들어낸 만화가 이현세도 54년생이다. 그는 경찰 캐릭터 '포돌이'를 그려 대중적인 호응을 이끌어냈고, 최근엔 어린이 학습만화 《이현세의 그리스 로마 신화》 전집 등을 펴냈다. 1997년부터 세종대학교 애니메이션학과 교수로 재직 중인 그는 손주들에게 들려줄 동화를 만들고 싶다며 동화 구상에 한창이다. 학계에서는 《개미 제국의 발견》, 《통섭》, 《생명이 있는 것은 다 아름답다》 등 수많은 대중 과학서를 써내 친숙한 최재천 이화여대 석좌교수도 54년생이다. 그는 같은 54년

생인 캐나다 출신의 하버드대학교 심리학과 스티븐 핑커 교수
와 마찬가지로 왕성한 다작을 하고 있다. 핑커 교수도 1998년과
2003년에 퓰리처상을 수상하고,《우리 본성의 선한 천사》,《빈
서판》,《언어 본능》등의 책을 꾸준히 내고 있다.

6579 욜드가
나타났다

54년생을 필두로 만 65세부터 만 79세까지가 대표적인 욜드 세대다. 연령으로는 '노인'에 속하지만 체력·정신 등 모든 면에서 아직 젊어 노인으로 보기 힘들다는 뜻이다. 실제 통계청 자료를 살펴보면, 2019년 5월 대한민국의 '만 65세부터 79세'까지 고령층 인구가 596만 명이나 되는데, 이 연령대 인구 10명 중 4명이상은 경제활동을 하고 있다. 취업자만 238만 9,000명이고, 실업자는 6만 2,000명이다. 취업자와 함께, 일하고 있지는 않으나 구직활동을 하는 실업자를 합쳐 경제활동인구가 모두 245만 1,000명이나 되는 것이다. 이 연령층의 고용률만 40.1%다. 만 65세부터 79세까지를 가히 '욜드 세대'라고 규정할 만한 수치다.

과거 고령자로 분류됐던 이들은 날이 갈수록 일하기를 원하

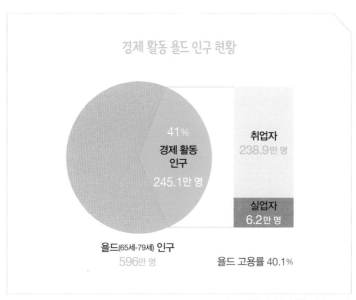

경제 활동 욜드 인구 현황

41%
경제 활동
인구
245.1만 명

취업자
238.9만 명

실업자
6.2만 명

욜드(65세-79세) 인구
596만 명

욜드 고용률 40.1%

자료: 통계청, 연령별 경제활동상태(2019년)

고 있다. 원하는 만큼 일하고 인생을 설계하고 싶어한다. 2019
년 "장래에 일하기를 원한다"고 답변한 고령자(여기서는 55~79세
까지로 추계)의 비율은 64.9%였다. 전년도 64.1%보다 0.8%포
인트 증가한 수치다. 이들이 일을 원하는 이유는 무엇일까? 첫
번째 이유는 '생활비 보탬(60.2%)'이지만, 두 번째 이유는 '일하
는 즐거움(32.8%)'이 었다. 즉 일하면서 젊게 사는 노년층의 이
야기는 더 소수의 전유물이 아니다. 다만, 안타까운 점은 지난
2012년 이후 취업을 원하는 이유로 '생활비 보탬'을 꼽는 비율
이 매해 증가하고 있다는 부분이다.

'1년 이내'에 취업을 하거나 창업을 하겠다고 답한 대한민국 고령자의 숫자도 증가하고 있다. 2018년 8월, "1년 안에 취업 또는 창업을 하겠다"고 대답한 60세 이상 인구는 100명 중 7.9명이었는데, 정확히 1년 뒤 이 수치는 100명 중 9.8명꼴로 증가한다. 1년 안에 취업이나 창업 의사가 없는 사람들의 대답도 흥미롭다. 1년 내 취업이나 창업을 원하지 않은 이들 중 그 이유를 자신이 '연로'했기 때문이라고 답하는 숫자는 매해 줄고 있다.

일하는 고령자의 삶의 만족도는 일하지 않는 고령자에 비해 훨씬 높다. 지난 2017년 기준, 일하는 고령자는 경제적인 면과 가족관계 등을 모두 고려해 22.1%가 주관적인 만족스러움을 표현했지만, 일하지 않는 고령자는 18.1%만이 만족감을 느낀다고 밝혔다. 의식주와 여가, 취미 생활 등을 두루 포함해 자신의 소비생활에 만족하는 사람도 일하는 고령자가 그렇지 않은 고령자보다 3%포인트 더 높게 나타났다. 이는 상대적으로 나이가 많더라도 일을 하는 것이 삶의 만족도를 더 높일 수 있다는 것을 드러내는 지표다.

올드 세대, 왜 주목해야 하나

UN은 2020년부터 2050년까지 대한민국이 전 세계에서 '65

연도별 한국 인구 비율

65세
이상
- 2020년   15.69%
- 2050년   39.81% ← 전 세계에서
                    증가 속도 1위
- 2067년   46.5%

욜드
(65~79세)
- 2020년   12.07%
- 2050년   24.19%
- 2067년   25.78%

자료: 통계청, 성 및 연령별 장래인구추계(1세별, 5세별)

세 이상' 인구가 가장 빠르게 증가할 국가라고 분석했다. 통계청의 자료를 살펴보자. 2020년 대한민국 65세 이상 인구는 대한민국 전체 인구 중 15.69%로 추정된다. 같은 연령대의 인구는 30년 뒤인 2050년에 대한민국의 39.81%, 2067년에는 대한민국 전체 인구의 절반가량을 차지하게 된다. 정확히는 46.5%다. 반세기도 지나지 않아, 대한민국의 풍경은 지금과 확연하게 달라질 것이다.

욜드 세대(이 책에서 65세부터 79세로 규정한)로만 따져봐도 결과값은 비슷하다. 이들 인구는 2020년 현재 전체 인구의 12.07%인데, 2050년에는 그 비중이 정확히 그 2배인 24.19%

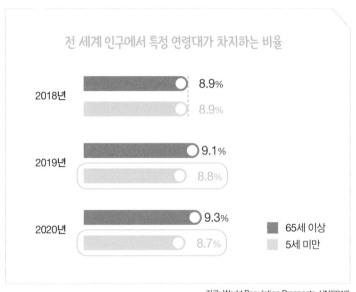

전 세계 인구에서 특정 연령대가 차지하는 비율

2018년
8.9%
8.9%

2019년
9.1%
8.8%

2020년
9.3%
8.7%

■ 65세 이상
　 5세 미만

자료: World Population Prospects, UN(2019)

로 늘어난다. 2067년엔 25.78%가 된다. 즉 길거리에서 발견할 수 있는 사람 넷 중 하나는 욜드 세대가 될 예정이다. 같은 시기, 전체 인구는 급감한다. 이 부분은 잘 알려진 것처럼 출산율 감소 때문이다. 2020년에 5,178만여 명을 기록하고 있는 대한민국의 전체 인구가 2050년 4,634만 명이 되고, 2067년에는 '전체 인구 3,000만 명대(3,929만여 명)' 시대에 접어들게 된다. 즉, 출산율의 감소로 인구가 1,000만 명 넘게 줄어들 예정이고, 그 결과 65세 이상의 비중은 3배, 욜드 세대의 비중은 2배가 늘어날 것이란 전망이다. 정책적으로 출산율 제고에 초점을 맞출 것이 아니라, 우리 사회 주류로 자리할 욜드 세대의 본격적 등장을 준비할 필요가 있음을 시사하는 대목이다.

한국이 고령화 속도가 가장 빠르기는 하지만, 고령화는 전 세계의 걷잡을 수 없는 추세이기도 하다. UN이 매년 낸 인구 보고서의 원자료를 받아보면, 2018년은 전 세계에서 5세 미만 인구와 65세 이상 인구의 비율이 정확히 똑같아진 변곡점이 된 해였다. 2018년 5세 미만 인구와 65세 이상 인구는 각각 전 세계 인구의 8.9%를 차지했다. 이후 65세 이상 인구가 늘어가며 그 격차는 점점 벌어지고 있다. 2019년 0세부터 4세가 전 세계 인구의 8.8%, 65세 이상은 9.1%를 차지했으며, 2020년은 0세부터 4세 인구가 전 세계에서 8.7%(6억 7,794만 2,000여 명), 65세 이상은 9.3%(7억 2,760만 6,000여 명)를 차지할 것으로 추정된다.

노인을 노인이라
부르지 못하고

　그렇다면 대한민국의 주류 세력이 될 만 65세에서 79세까지 욜드 세대는 현재 대체로 어떤 직업을 갖고 있을까? 욜드 취업자 중 직업별 분포를 살펴보니, 단순 노무직이 가장 많았다. 총 84만 5,000명으로, 전체 욜드 세대 취업자의 35.4%다. 이어 농림어업 숙련종사자(24.0%), 서비스·판매종사자(18.2%), 기능·기계 조작 종사자(14.1%) 등의 순이다. 욜드 세대가 할 수 있는 역할에 대한 사회적 인식이 부족하고, 이에 따라 갖춰진 인프라도 턱없이 부족하다는 것을 나타내는 수치다.

　직업의 다양성도 떨어지는데, 이는 산업별 분석에서도 드러난다. 욜드 취업자의 비중이 가장 높은 산업 분야가 사회간접자본 및 기타 서비스업이다. 이어 사업·개인·공공서비스 및 기타,

농림어업 그리고, 도소매·음식숙박업 등이 상당한 비중을 차지한다. 반면, 제조업과 건설 분야에서 일하는 욜드 취업자는 가장 적다. 독일을 선도하는 일부 회사들과는 비교되는 대목이다. 한 예로, 독일 BMW 본사는 '외골격구조'를 만들어 노동자들이 크고 무거운 부품을 쉽게 들도록 하고, 노동자를 따라다니며 무거운 작업을 도와주는 로봇을 만드는 실험을 내부적으로 진행하고 있다. 수년 전 BMW는 독일 바바리아Bavaria 공장의 제조설비작업 직원을 모두 평균 연령 50세로 고용했다. 그러자 해당 라인의 생산성은 7% 높아지고 결함률은 0%를 달성하는 결과를 보였다. 그 뒤 BMW는 고령자의 근무 비율을 인위적으로 조정하지 않는다. 당시 생산성을 높일 수 있는 특별한 조치는 없었다. 나무 바닥을 쿠션감이 있는 바닥으로 바꾸고, 의자를 편안하게 바꿨을 뿐이다. 2025년이면, 독일 BMW의 55세 이상 근로자는 전체 근로자 4명 중 1명꼴이 된다.

욜드 세대의 증가에 맞춰 미리 대비하는 것이 세계의 기업들의 추세다. 그러나 한국에서는 변화가 쉽사리 이뤄지지 않고 있다. 일자리 문제를 청년층과 고령층 간의 '밥그릇 싸움'으로만 인식하는 분위기도 팽배하다. 60세 이상 비임금 근로자의 수는 매해 늘어나, 2017년 기준 197만 2,000명이었지만, 2019년에는 219만 5,000명이 됐다. 고용원이 없는 자영업자와 고용원이 있는 자영업자도 나란히 증가세를 보인다. 2년 새 고용원이 없는 자영업자는 11만여 명이 늘어났고, 고용원이 있는 자영업자는 6만여 명이 늘었다. 일은 해야겠고, 결국 자영업에 뛰어드는 인원이 매해 증가하고 있다.

욜드 세대가 일할 수 있는 기반은 없고, 노인복지시설과 요양기관만 마련돼 있다. 한국에는 의료기관과 약국, 보건진료소 등을 비롯한 요양기관 9만 4,650개가 전국에 산재해 있다. 그러나 서울(22,683개)과 경기(20,385개)에만 몰려있을 뿐, 고령 인구비율이 전국에서 가장 높은 전남(3,390개)과 강원(2,512개) 등에는 수가 태부족이다. 또 노인여가복지시설은 전국 평균 노인 천 명당 6.08개에 불과하다. 하지만 무엇보다도 주목해야 할 것은 이러한 시설들이 이전 세대에 맞춰진 것이지 '욜드 세대'의 등장에 발맞춘 사회적 인프라로 볼 수 없다는 사실이다.

시니어, 고령자, 실버, 노인…뭐가 맞아?

이런 상황 속에서 최근 일거리를 찾지 못하는 노인에 대한 비하와 그들의 가치에 대한 부정적인 시선이 담긴 말들이 우리 사회에서 유독 많이 공유되고 있다. 빅데이터 전문업체 타파크로스가 분석한 자료에 따르면, 지난 2016년 1월부터 2019년 말까지 고령자를 뜻하는 단어 중에는 노인(559만여 건)-어르신(340만

구분	총버즈	긍정	부정	중립
시니어	100.00%	50.74%	9.20%	40.06%
액티브시니어	100.00%	79.64%	3.39%	16.97%
뉴시니어	100.00%	60.94%	4.57%	34.49%
오팔세대	100.00%	90.31%	0.81%	8.88%
노인	100.00%	33.01%	24.86%	42.13%
어르신	100.00%	44.45%	15.26%	40.29%
실버세대	100.00%	37.43%	28.38%	34.19%
고령층	100.00%	61.81%	4.73%	33.46%

분석 기간: 2016.01.01~2019.12.31
분석 채널: 트위터, 인스타그램, 페이스북, 블로그, 카페, 커뮤니티
분석기관: 타파크로스

여 건)-시니어(28만여 건) 순으로 SNS와 커뮤니티 상에서의 언급량이 많았다. 그다음으로는 고령층-실버 세대-액티브 시니어-뉴시니어-오팔 세대와 같은 단어가 사용됐다. 주목할 만한 점은 흔히 쓰이는 '노인', '어르신', '고령층'이라는 단어가 부정적으로 사용된 비율이 눈에 띄게 높다는 사실이다. 세 단어 모두 긍정적 의미로 더 많이 사용되었지만, 다른 단어들이 부정적으로 쓰인 비율이 10% 안쪽이었던 것에 비해 '노인'은 부정의 의미가 24.86%, '어르신' 15.26%, '고령층' 28.38%로 비교적 높았다.

그런데도 긍정적으로 볼 수 있는 부분은 시니어 및 액티브 시

니어와 관련한 담론의 경우는 2016년 이래로 지속해서 증가하는 추세를 보인다는 점이다. '시니어'의 언급량은 2016년 1월 5,000건가량 됐지만, 점차 늘어 2019년 11월에는 한 달 동안 1만 2,000건가량 언급되었다. 액티브 시니어에 대한 담론이 급증하면서, 해당 단어는 오팔 세대, 욜드 세대 등 다양한 단어로도 명명되고 있다. 여러 트렌드 전문가들이 오팔 세대를 언급하면서 오팔 세대에 대한 언급량도 2016년 1월 한 달은 100여 건이었지만 2019년 12월에는 900건가량으로 급증하는 모습이다.

정리해보면, SNS와 인터넷상에서의 담론을 살폈을 때 기존 고령층에 대한 인식은 긍정적인 감정이 여전히 앞서지만, 부정적인 감정도 확산된 모습임을 알 수 있다. 또 모순적으로는 고령자들의 가능성을 새롭게 인식하고 받아들이려는 인식도 서서히 확산하고 있으며, 키워져야 할 영역이라는 결론을 내릴 수 있다.

욜드를 둘러싼 오해 다섯 가지

노인은 사회적 민폐

지하철 종로3가역에 내려서 탑골공원까지 가는 데는 채 5분이 걸리지 않는다. 걸어가는 길에는 퇴색한 서울 도심의 한 자락이 고스란히 느껴진다. 3,000원짜리 가격표를 단 이발소, 선지

해장국을 3,500원에 파는 국밥집 간판은 시간을 과거로 돌린 듯이 느껴진다.

서울 한복판 도심 알짜배기 부지 1만 5,051㎡에 자리 잡은 탑골공원은 국내 노인을 바라보는 시선을 고스란히 느낄 수 있는 곳이다. 허름한 옷차림의 갈 곳 없는 노인들이 아침만 되면 이곳으로 하릴없는 시간을 흘려보내기 위해 모인다. 만 65세 이상에게 제공되는 지하철 공짜 서비스를 등에 업고 많게는 하루에 천 명 가까운 인파가 몰린다. 이곳에 오면 무료배급소에서 밥도 얻어먹을 수 있고, 뒷골목 으슥한 곳에서 개비당 100원에 파는 밀수입 중국산 담배도 사서 피울 수 있다. '박카스 할머니'로 불리는 노인 대상 매춘부도 잊을 만하면 이슈에 오른다. 술이 거나하게 취한 노인 여럿이 대낮부터 드잡이질하고 다른 한편에선 흘러간 세월을 추억하는 온기 없는 쓸쓸한 대화만이 오갈 뿐이다. 헛헛한 현실에 1919년 3·1운동이 일어났던 탑골공원의 유구한 역사는 잊힌 지 오래다.

이곳을 지나가는 수많은 청년은 잔뜩 오염돼 마시면 큰일 나는 공기를 접한 것처럼 눈살을 찌푸리며 종종걸음을 치고 이곳을 빠르게 지나쳐간다. 이런 식으로 노인은 청년에게 문제만 일으키는 '늙다리' 이미지로 소비된다. 도심 한복판에 있는 탑골공원의 존재는 대도시 서울이 겪는 대한민국 노령화 문제를 상징적으로 드러낸다. 2018년 국가인권위원회가 내놓은 〈노인 인권

종합보고서〉에 따르면 우리 사회가 노인을 존중하고 가치 있는 존재로 인정하고 있는지에 대한 질문에 청·장년층의 약 40%만이 '그렇다'고 대답했다. 노인에 대한 부정적인 시선은 사회문제로 치부될 정도라고 봐야 맞다. 같은 조사에서 노인 인권이 존중되지 않거나 침해되는 이유가 노인에 대한 부정적 편견 때문이라고 생각하는 비율은 무려 80.4%로 나타났다.

이것이 〈매일경제〉 국민보고대회팀이 '욜디락스' 시대를 열기 위해 가장 먼저 '노인은 사회적 민폐'라는 낡은 관념부터 깨야 한다고 주장하는 이유다. 탑골공원이라는 상징적 존재로 대표되는 노인들이 '늙고 쇠락했다'는 선입견을 탈피해야 한다. 실제 욜드로 불리는 새로운 시니어 계층은 탑골공원으로 대표되는 늙은 이미지와는 사뭇 다르다. 타파크로스가 2019년 SNS 데이터를 분석한 조사에 따르면 욜드의 가장 큰 관심사는 취미·여가로 나타났다. 탑골공원에 죽치고 앉아 세월을 낚기보다는 본인만이 가진 재능을 기반으로 노년을 건강하고 행복하게 즐기는 데 관심을 쏟기 시작한 것이다. 두 번째로 높은 관심사는 외모다. 욜드 세대는 '남에게 어떻게 보이는가'에 대해서도 상당히 신경을 쓰는 것으로 나타났다. 세 번째로 높은 관심사는 건강, 네 번째와 다섯 번째 관심사는 능력개발, 주변인으로 나타났다. 이후로는 창업·취업, 미디어, 요양·복지, 여행, 금융·부동산 등의 키워드가 뒤를 이었다.

특히 타파크로스 조사결과 욜드 세대는 콘텐츠 소비자에서 생산자로 변신하며 다양한 활동에 관심을 두는 것으로 나타났다. 2016년 조사 당시에는 취미·여가 활동을 위해 독서를 하거나 노래를 하고, 미술과 영화를 즐기는 데 관심이 높은 것으로 드러났다. 하지만 2019년에는 음악에 이어서 독서와 연기, 미술, 사진 등의 키워드가 핵심으로 떠올랐다. 연기와 사진을 비롯해 전문성을 가지고 젊은 시절부터 꿈꿔왔던 로망을 이루기 위한 활동에 적극적으로 뛰어드는 모습을 보이기 시작한 것이다.

패션에 관한 관심도 급격히 높아지는 것으로 관측된다. 인스타그램 등을 통해 자신의 데일리룩을 올리는 욜드가 하나둘 생겨나고 있다. 순댓국집을 운영하다 만 64세의 나이에 모델로 데뷔한 김칠두 씨의 사례 등이 미디어를 통해 소개되며 '나도 패셔니스타가 될 수 있다'는 공감대가 확산된 것으로 보인다.

노인은 부양의 대상

또 하나 우리 사회가 극복해야 할 편견 중 하나는 노인을 부양의 대상으로 보는 관점이다. 하지만 각종 통계로 보는 한국의 노인은 이 같은 선입견과는 적잖은 괴리가 있다. 2019년 통계청 자료에 따르면 한국 인구의 총 63.8%를 차지하는 부채 및 임대보증금 보유자 중 60세 이상의 순 자산은 5억 526만 원으로 50대(4억 2,300만 원), 40대(3억 7,240만 원) 30대(2억 4,626만 원) 30세 미만(8,008만 원)과 비교하면 월등했다. 60대 이상에 가난한 세대가 몰려 자식 세대의 부양을 받을 거라는 편견과 달리 부동산 자산을 중심으로 탄탄한 자산을 보유한 '골든 에이지'가 몰려있는 세대라는 게 드러난 것이다.

이에 따라 부모 세대의 돈과 영향력에 기대는 젊은 캥거루족이 사회 이슈가 될 정도다. 2019년 잡코리아와 알바몬이 성인남녀 5,258명을 대상으로 〈캥거루족 체감 현황〉에 대해 설문조사를 시행한 결과에 따르면, 스스로 캥거루족이라 답한 응답자가 37.3%에 달했다. 20대 응답자 중에는 41.1%가 자신을 캥거루족이라 답했다. 30대 비율은 40.6%, 40대 이상도 17.6%로 나타났다.

스스로 캥거루족이라 생각하는 이유로 '부모님께 경제적 지원을 받고 있기 때문'이라고 답한 응답자가 58.5%로 가장 많았고 '경제적으로나 인지적으로 모두 독립하지 못해서' 자신을 캥거루족이라 생각한다는 응답자가 20.6%였다. '중요한 결정을 내릴 때 부모님의 도움을 받아야 마음이 편하다'며 인지적 독립을 하지 못해 스스로를 캥거루족이라 생각하는 응답자는 15.9%로 나타났다. 이제는 자식 세대가 노인을 부양하는 게 아니라 노인 세대가 자식을 부양하는 게 오히려 트렌드가 된 셈이다.

이 같은 분위기는 2017년 보건복지부 '노인실태조사' 보고서를 통해서도 잘 드러난다. 조사결과에 따르면 한국 노인의 34%

는 생활비를 본인 스스로 조달하는 것으로 드러났다. 본인과 사회보장제도를 병행해 생활비를 조달하고 있다는 답변 비율도 33.7%에 달했다. 반면 자녀에 의존하고 있다는 비율(7.6%)과 사회보장제도에만 온전히 의존하고 있다는 답변 비율(14.1%)은 소수였다. 세간에서 공유되는 선입견과 달리 생활을 스스로 꾸려나가는 비율이 매우 높은 것이다.

노인들은 죽음을 앞두고 삶을 정리하는 과정에서도 자식 세대의 짐이 되는 것을 매우 꺼리는 심리를 드러낸다. 2017년 노인실태조사 자료에 따르면, 희망하는 장례 방법으로 '화장 후 산골'이 30.3%, '화장 후 납골당'이 26.4%, 화장 후 자연장이 14.8%로 화장을 희망하는 노인이 전체의 70%를 차지하는 것으로 드러났다. 매장을 희망하는 노인은 17.5%를 차지해 절대다수가 자식 세대에 부담이 되지 않는 화장을 선호하는 것으로 나타났다. 장례 방법에 대하여 구체적으로 생각해 보는 노인의 비중이 높아졌다는 점도 주목할 포인트다. 2008년 조사 당시에는 장례 방법에 대해 구체적으로 생각해 보지 않았다는 응답률이 22.1%였지만, 2017년에는 이 비중이 8.9%까지 떨어졌다. 자식 세대에 부담이 되지 않기 위해 죽음의 절차까지 미리 준비하려는 세대가 많아진 것이다. 또 노인의 91.9%가 '연명 치료에 반대한다'는 응답을 내놔 자식 세대에 부담을 주지 않으려는 심리가 치료 방식에도 반영된 것으로 나타났다.

김정근 강남대 실버산업학과 교수는 "새로 등장한 노인 세대를 과거 드라마에서 나오는 것처럼 자식 세대에게 짐이 되는 것처럼 취급하는 것은 완전한 오해"라며 "새로 등장한 욜드 세대는 풍부한 자산에서 오는 자신감을 기반으로 본인의 마지막 죽음까지도 '자기주도적 의사결정'을 하려는 적극적인 성향을 가지고 있다"고 분석했다.

나이 들면 창의력 떨어진다

노인에 대해 극복해야 할 편견 중 또 하나는 나이 들면 창의력이 떨어질 거란 선입견이다. 그러나 노인들은 나이가 들어서도 여전히 창의적인 활동을 통해 사회에 기여하고 있다. 또 미국이나 유럽에서는 노인들은 쌓아온 사회경험을 토대로 창의적인 발상을 비즈니스 모델로 만들어 '시니어 창업'에 나서는 사례도 많다.

최근 미국 오하이오주립대학교에서 내놓은 연구 결과에 의하면 과학자의 창의력과 나이는 아무런 상관관계가 없는 것으로 나타났다. 영향력 있는 연구 성과를 내는 과학자의 나이가 전 연령대에 걸쳐있다는 의미에서 이들은 이런 경향성을 '랜덤-임팩트 룰random-impact rule'이라고 이름 붙였다.

연구진의 고민 시작점도 갈수록 늙어가는 미국 과학자의 평균 연령에 있었다. 일하는 과학자의 평균 나이가 1993년 45.1세에서 2010년 48.6세로 늘어난 것이다. 이런 식으로 과학자의 평균 연령이 높아지면 세상을 깜짝 놀라게 할 수 있는 과학적 발견 건수가 줄어들지 않을까 고민한 것이다. 하지만 이 대학 데이비드 블라우David Blau 경제학 교수와 브루스 와인버그Bruce Weinberg 교수의 분석 결과는 우리 생각과는 정반대였다. 두 교수는 1993년부터 2010년 사이에 미국과학재단의 박사학위 수여자를 대상으로 한 데이터를 기반으로 연구를 시작했다. 76세 이하 과학자 7만 3,000명의 데이터베이스를 확보하고 나이, 직장, 과거와 현재의 고용상태, 직업 및 고용 분야 등을 면밀하게 추적했다.

그 결과 1993년 과학자의 18%가 55세 이상이었지만, 2010년에는 이 숫자가 33%까지 늘어난 것으로 나타났다. 하지만 과학자의 평균 연령이 높아지는 것과 달리 이들이 내놓는 연구 성과는 질적으로나 양적으로 젊은 과학자들의 그것과 큰 차이가 없었다. 게다가 젊은 과학자가 많이 뛰어들 것으로 보이는 컴퓨터·정보과학 분야에서도 노령화가 급속히 진행되고 있지만, 여전히 혁신적인 연구가 쏟아지는 것으로 드러났다.

이들은 이 같은 연구 결과를 바탕으로 2016년 11월 〈사이언스〉에 '과학자의 경력에서 가장 영향력 있는 연구 결과가 임의의 연령에서 나타난다'는 분석이 담긴 논문을 발표했다. 다시 말해 특정한 과학자가 인생에서 가장 가치 있는 논문은 그가 박사학위를 받은 직후에 쓴 논문일 수도 있고, 혹은 70이 넘은 나이에 쓴 논문일 수도 있다는 얘기다. 즉 연령과 훌륭한 논문을 발표하는 시기 사이에는 아무런 상관관계가 없었다는 뜻이다. 이런 경향은 과학자의 분야, 공저자의 여부, 경력의 길고 짧음과 무관하게 전부 통용되는 것으로 나타났다. 미국과 유럽의 시니어들이 잇달아 창업에 나서 성공하는 사례가 속속 나오는 것도 이 같은 분석과 일맥상통한다.

중소기업연구원이 2016년 발간한 〈주요국의 시니어 창업 현황과 지원 정책 동향〉 보고서에 따르면, 지난 10년간 미국의 20~30대 창업률은 둔화했지만, 50~60대의 창업률은 증가하고 있다. 60대 창업은 1991년 전체의 2.2%에 불과했지만, 2014년에는 그 비율이 5.9%까지 늘었다. 특히 선진국에서 실버창업에 나선 시니어들은 현직에서 축적한 실무 경험과 인적 네트워크를 활용해 위험이 적고 오랫동안 할 수 있는 분야를 선택하는 경우가 많은 것으로 나타났다. '생계형 창업'보다는 현직에 있을 때 기회를 노리다가 때가 됐을 때 창업하는 '기회형 창업'이 대세라는 뜻이다. 이 보고서는 미국의 시니어 창업에서 '기회형 창업'이 차지하는 비율이 매년 80%를 웃도는 것으로 분석했다.

미국과 유럽, 일본 등 선진국은 정책적으로 은퇴 세대의 기회형 창업을 유도하고 있어 눈길을 끈다. 미국 중소기업청은 '앙코르 기업가Encore Entrepreneurs' 프로그램을 통해 시니어 창업을 지원하고 있다. 창업 관련 상담, 멘토링 서비스 등을 지원한다. 일본 후

생노동성은 60세 이상 고령자가 일하기 쉬운 환경을 조성하기 위해 생애 현역 창업지원조성금 제도를 운영 중이다. 아일랜드에는 '시니어 엔터프라이즈', 독일은 '비우기Biiugi'라는 프로그램을 운영하고 있다. 시니어를 대상으로 온라인 플랫폼을 통해 창업 네트워킹, 멘토링을 제공하는 서비스이다.

노인이 일하면 청년 일자리가 준다

노인에 대해 극복해야 하는 또 하나의 편견은 '노인이 일하면 청년 일자리가 줄어든다'는 생각이다. 특히 일자리를 둘러싼 세대 간 갈등이 더해져 이 같은 논란이 지속되고 있다. 경제 둔화로 인해 청년 일자리가 줄어들자 노인이 더 일하면 그만큼 청년 일자리가 줄어들 수 있다는 공포감이 발생한 것이다. 최근 정부 차원에서 정년을 연장할 뜻을 비치자 '왜 정부는 노인만 신경 쓰고 청년을 돌아보지 않느냐'며 극심한 반대 목소리가 나온 것도 같은 맥락에서 이해할 수 있다. 정년을 늘려 노인 일자리가 늘어나면, 결국 기업이 고용을 줄여 청년 취업에 방해가 될 수 있다는 의견이다.

하지만 최근 국내외에서 나오는 연구 결과는 이 같은 분석과 다소 거리가 있다. 실제 사례를 분석한 결과, 노인 고용과 청년 고용이 긍정적인 상관관계를 기록하는 사례도 속속 나오고 있다. 조너선 그루버Jonathan Gruber MIT대학교 교수와 케빈 밀리건

Kevin Milligan 브리티시콜럼비아대학교 교수, 데이비드 A. 와이즈 David A. Wise 하버드대학교 교수가 2009년에 발표한 논문이 대표적이다. 이 논문은 미국과 일본, 스페인, 스웨덴, 벨기에, 캐나다, 영국, 프랑스, 독일, 네덜란드, 덴마크, 이탈리아 등 선진국 12개 국가에 걸쳐 20~24세 청년 취업과 55~64세 시니어 취업의 상관관계를 분석했다. 그러자 청년 취업과 시니어 취업은 서로 긍정적인 상관관계를 가지는 것으로 드러났다. 55~64세 시니어 취업과 20~24세 실업을 비교한 조사에서도 마찬가지 결과가 나왔다. 시니어 취업이 올라갈수록 청년 실업이 오히려 감소하는 결과가 나온 것이다.

이는 노인 취업 증가가 청년 취업난을 심화시킨다는, 이른바 '노동총량제'의 오류를 보여주고 있다는 점에서 시사하는 바가 크다. 많은 학자는 한 사회 내에서 노동의 총량은 여러 사회경제적 상황이나 제도의 영향을 받기 때문에 시니어의 취업 증가가 청년의 취업 여부와 일대일로 대응하는 것이 아니라고 말한다. 영국의 재정연구소Institute for Fiscal Studies 는 1968~2005년 기간 동안 영국 고령자들의 노동시장 참여와 청년층 고용이 서로 긍정적인 상관관계에 있다는 분석 결과를 내놓은 바 있다. OECD가 2005년 발간한 〈신일자리전략Reassessment of Jobs Strategy〉 보고서에도 청년 실업과 고령층 조기퇴직 사이에는 이론적·실증적 연관성을 찾을 수 없다는 분석이 들어 있다.

한국에서도 비슷한 연구가 속속 나오고 있다. 김대일 서울대학교 경제학부 교수는 2012년 논문을 통해 한국의 총 노동수요에 있어, 청년층과 고령층 간 대체관계가 거의 없다는 사실을 실증적으로 분석했다.

이 같은 현상이 발생하는 이유는 시니어와 청년의 보유 기술에 차이가 있어서 노동시장에서 두 계층이 직접 부딪히지 않기 때문이라는 분석이 힘을 받고 있다. 한마디로 시니어와 청년의 일자리는 별개라는 것이다. 예를 들어 청년층은 보건의료, 관광, 콘텐츠 등 고부가가치 분야 취업에 특화되어 있다. 하지만 시니어 계층은 부동산 임대, 물류, 공공행정 등 저부가가치 분야에 편중돼 있다는 게 전문가들의 지적이다. 따라서 양자가 보완하는 역할을 잘 살리면, 각 계층이 함께 시너지를 낼 수 있다.

실제 삼성생명 은퇴연구소가 2017년 발간한 보고서에 따르면, 영국 정부가 시뮬레이션 모형으로 분석한 결과 정년을 1년 연장할 경우 6년 후 실질 GDP가 약 1% 증가하는 효과가 나오는 것으로 알려졌다. 그런데 경제 성장은 장기적으로 청년을 위한 일자리 기회를 늘리는 가장 효과적인 수단이기 때문에 정년 연장의 근거를 찾을 수 있다는 지적도 나온다.

노인들은 돈을 안 쓴다

고령자에 대한 고질적인 편견 중 하나가 소비에 적극적이지 않다는 것이다. 기존 고령자들이 은퇴 후 주기적인 수입이 사라짐과 동시에 건강이 나빠지면서 새로운 것을 받아들이기보다 이미 가진 것에 만족할 것이라는 판단에 소비의 주체라는 인식을 쉽게 하지 못하는 실정이다. 자신보다는 손주나 자녀세대를 위해 희생하면서 최소한의 노후 준비를 준비하는 세대라는 인식이 강했다.

그러나 최근 '액티브 시니어'라고 불리는 60대는 자신들이 원하는 제품을 적극적으로 구입하는 것이 자연스럽다. 새로운 상품과 서비스에 대한 호기심이 높은 것도 이 세대의 특징이다. 신제품에 대한 높은 관심은 그들이 여태껏 쌓은 경제력과 시간적 여유가 더해지면서 활발한 소비로 이어지고 있다. 과거 부유층의 전유물로 불렸던 명품도 어렵지 않게 구매하는 것이 최근 60대 소비자들의 특징이다. 건강한 신체와 시간적 여유를 가지고 있으므로 고민 없이 해외여행을 떠날 수 있게 됐다. 이렇듯 60대가 소비의 주체로서 존재감을 키우면서 기업들도 이 세대를 주목해야 하는 당위성도 커지고 있다. 앞으로 고령 인구가 지속해서 증가할 것으로 예상하는 가운데 액티브 시니어 세대의 구매력 확대는 기업들에도 새로운 비즈니스 기회로 이어질 전망이다. 실제로 유통업계에서 60대의 존재감은 매년 높아지고 있다. 현대백화점그룹에 따르면, 2019년 현대백화점과 현대아울렛에서 60대 고객의 연간 매출이 전년 대비 7.1% 늘었다. 이 회사에서 일명 '액티브 시니어'들의 소비는 최근 5년 새 지속적으로 증가했다. 60대 고객 매출의 전년 대비 신장률은 2015년 8.1%, 2016년 7.7%, 2017년 9.0%, 2018년 7.5% 등을 기록했다. 세부 항목을 살펴보면 이 세대에 속한 소비자들은 건강을 유지하는 동시에 여가를 즐기기 위한 목적의 소비에 나서고 있는 것으로 보인다. 같은 기간 주요 장르의 전년 대비 판매 신장률은 가전 (17.7%), 화장품(9.6%), 스포츠(8.8%), 패션(8.5%) 등이었다. 특히 수입 의류(16.3%), 리빙(18.3%) 등 고가 제품에 대한 소비가 높게 나타났다.

롯데백화점도 상황은 유사하다. 2019년 롯데백화점을 이용한 60대 고객의 매출은 전년 대비 10.2% 신장했다. 주요 카테고리별 신장률을 보면 패션 잡화(9.9%), 여성 패션(8.5%), 남성 패션 및 스포츠(7.1%) 등으로 꾸미는 콘텐츠에 대한 투자에 집중됐다. 특히 고가의 해외 패션은 신장률이 17.7%로 카테고리 중 가장 높은 신장률을 보였다. 롯데백화점 관계자는 "과거와 달리 패션에 관심을 보이는 시니어 고객이 늘고 있다"며 "기업들도 시니어 대상 마케팅을 진행할 때 예전의 고정관념으로 접근하지 않는 분위기"라고 설명했다.

백화점은 다른 유통 채널보다 상품의 단가가 높지만 이런 점이 오히려 60대의 소비 촉진에 영향을 끼치고 있다. 은퇴 후 경제적·시간적 여유가 있는 세대들은 평일 여가를 백화점에서 보

2019년 롯데백화점 60대 이상 고객 카테고리별 전년 대비 매출 증가율

구분	매출신장률
여성패션	8.5%
남성패션&스포츠	7.1%
식품	7.8%
생활가전	13.8%
패션잡화	9.9%
해외패션	17.7%
Total	10.2%

기간: 2019년 vs 2018년, 자료: 롯데백화점

내는 경우가 잦아졌다. 대중교통으로 접근하기가 편하면서 쇼핑 뿐만 아니라 문화센터, 카페 등 커뮤니티 시설도 잘 마련돼 있기 때문이다. 근검절약을 최우선으로 하는 예전 고령자와는 전혀 다른 모습이다.

60대 이상의 편의점 이용도 자연스러운 현상으로 이어지고 있다. 지에스25를 이용한 고객 중 60세 이상은 2015년 2.2%에서 매년 증가해 2019년 3.4%까지 올랐다. 씨유(CU)에서도 같은 기간 2.6%에서 3.3%까지 증가했다. 씨유에서 간편 식품을 찾은 고객은 10대가 2015년 9.9%에서 2019년 7.5%로 감소한 데 비해, 60대 이상은 같은 기간 3.4%에서 4.8%로 증가했다. 1인 가구의 증가와 함께 다양한 편의상품을 배치해 쉽게 살 수 있다는 점이 액티브 시니어를 편의점으로 이끄는 원동력이 되고 있다.

한국은 지난 2018년 인구 중 14%가 65세 이상인 고령사회를 맞이한 이후 꾸준히 변화하고 있다. 액티브 시니어의 숫자가 늘어나는 것이 확실해지는 상황에서 기업들이 이들의 사고와 생활방식, 건강상태 등을 고려한 마케팅 전략을 마련해야 하는 것은 사업의 지속성을 위해 필수적인 요소로 자리 잡고 있다.

원전 시장 30배
욜드 시장

　한때 우리의 주력 수출산업 중 하나였던 원전 산업의 글로벌 시장 규모는 약 600조 원으로 추산된다. 2019년 기준 대한민국 1년 예산(약 469조 6,000억 원)을 웃도는 수치다. 하지만 실버 시장 규모는 원전 시장에 비할 바가 아니다. 뱅크오브아메리카BOA와 글로벌노화연맹GCOA의 분석에 따르면, 2020년 기준 글로벌 실버산업의 규모는 15조 달러(1경 8,063조 원)에 달할 것으로 전망되는데, 이는 원전 산업의 30배를 넘는 수준이다.

　욜드 세대가 이끌어갈 실버 시장이 이렇게 방대한 규모를 보이는 것은 실버 산업의 깊이와 폭이 모두 성장하고 있기 때문이다. 글로벌 전역에서 베이비붐 세대가 은퇴하면서 실버 시장에 새로 편입되는 욜드 세대 숫자 자체가 커졌다. 또한, 사회 각 분야에서 분위기를 주도해온 욜드 세대는 실버 세대 편입 이후에도 이전 노인 계층과는 확연히 다른 소비 패턴을 보일 것으로 전망되면서 실버 산업 규모도 덩달아 커지고 있다.

또한 실버 산업 규모가 급증하는 것은 이전까지 존재하지 않았던 새로운 시장이 열리기 때문이기도 하다. 특히 실버 산업 규모는 무서울 정도로 기존 산업과 시너지를 내며 많은 영역을 실버 산업의 울타리 안으로 편입시킬 것으로 보인다. 크게 4가지로 나눈다면, 욜드 세대 불편을 해소하기 위한 신제품 △욜드 프렌들리, 욜드 세대 건강 관련 수요에 대응하는 △욜드 헬스케어, 욜드 세대 여가·문화 소비와 관련한 △욜드 엔터테인먼트 그리고 금융을 비롯한 욜드 세대 관리에 치중하는 △욜드 매니지먼트로 분류할 수 있다.

각각의 카테고리별로 상상할 수 있는 세부화된 비즈니스 모델이 엄청나다. 예를 들어 △욜드 프렌들리의 경우 씹는 힘을 고려해 물렁물렁한 형태로 출시하는 식품, 욜드를 고려해 기능을 단순화하고 글자 크기를 확대한 스마트폰, 욜드 주름 개선에 탁월한 효과를 지닌 화장품 등이 모두 이 분류에 편입될 수 있다.

△욜드 헬스케어는 스마트 디바이스를 활용해 혈압을 재고, 운동량을 측정하는 시스템 등을 거론할 수 있다. 이 영역 역시 글로벌 각지에서 신기술과 손을 맞잡고 새로운 지평을 열어가고 있다. 예를 들어 독일의 바이오준이란 회사는 3D프린터를 이용

해 시니어 푸드를 만든다. 삼정KPMG 경제연구원 조사에 따르면 이 회사가 이용하는 3D 프린터는 알고리즘에 의해 자동으로 사용자의 영양 상태와 체중을 점검하고 그에 맞는 음식을 제조한다. 음식의 맛을 유지하면서도 시니어 입맛에 딱 맞는 적절한 식감의 음식을 만들 수 있다. 씹는 힘이 떨어져 음식 먹는 재미를 잃어버린 다수의 노인층에 호평을 끌어냈다.

△욜드 엔터테인먼트 분야에서는 욜드 테마파크, 욜드 해외여행 등이 각광을 받을 것으로 보인다. 삼정KPMG 경제연구원 조사에 따르면 미국 시카고에 있는 매더라이프웨이즈가 만든 모어댄어카페를 대표 사례로 들 만하다. 이 공간은 카페와 캠퍼스, 공동체 기능이 합쳐진 공간이다. 여기 모인 욜드 세대는 욜드의 특성을 정확하게 숙지한 직원의 서빙을 받으며 정서적·심리적으로 안정된 가운데 비교적 저렴하고 질 높은 식사를 즐긴다. 또 음식·건강·여행 등 다양한 프로그램을 즐길 수 있다.

△욜드 매니지먼트는 욜드 세대를 대상으로 은퇴설계, 프라이빗뱅킹(PB), 상속·증여 컨설팅 등을 하는 영역을 뜻한다. 욜드의 수요에 맞춰 형광등을 갈아주거나 배달을 대행해주는 등 소소한 일상지원을 하는 서비스도 여기에 넣을 수 있다. 욜드 세대에 적합한 보험 상품을 개발해 소개하거나, 아프거나 다쳤을 때 가장 가까운 병원까지 안전하게 이송해주는 교통 서비스도 이 영역에 포함된다. 한 마디로 욜드 세대를 위한 전방위 비

서 역할을 하는 서비스의 잠재 수요도 엄청나다는 얘기다. 삼정KPMG 경제연구원은 미국 웰스파고의 '엘더 케어 프로그램 Elder Care Program'을 대표적인 서비스로 꼽는다. 이 서비스는 신체변화로 불편을 겪는 시니어가 이전처럼 생활할 수 있도록 삶의 질을 올려주는 서비스다. 65세 이상 욜드 중 관리자산 35만~100만 달러 이상의 가입자를 대상으로 하는데, 병원 예약이나 간병인 등 의료 서비스는 물론 식사, 심부름, 집수리 등의 토털 케어를 해주는 것으로 유명하다.

실버는 아직도
일하고 싶다

라이나전성기재단의 〈헬스&라이프〉 매거진과 서울대학교 소비트렌드분석센터가 공동으로 연구해 내놓은 조사결과는 계속 일할 수 있기를 바라는 고령층의 바람을 그대로 반영한다. 고령층의 행복 지수는 퇴직 이후 급락한다. 남성과 여성 모두 재직 중 행복 지수(각각 69.1점과 62.3점)보다 퇴직 이후의 행복지수(각각 56.8점과 59.3점)가 낮다. 퇴직 후 시간이 지나면 남녀 모두 행복 지수가 다소 오르기는 하나, 재직 중 행복 지수에는 미치지 못한다.

퇴직을 언제 실감했는지 묻는 질문에 대한 답변에서 퇴직자들의 상실감이 고스란히 드러난다. 일상생활 중 아침에 일어나 '오늘은 뭐하지' 하는 생각이 들 때 퇴직을 실감했다고 응답한

행복 지수

남   69.1점
      56.8점

여   62.3점
      59.3점

■ 재직 중
□ 퇴직 직후

자료: 라이나전성기재단의 헬스&라이프 매거진 〈전성기〉와
서울대학교 소비트렌드분석센터(센터장 김난도 교수) 공동 설문조사

사람의 숫자가 응답자 중 가장 많았다. 자금 여유가 사라져 '밥 값을 선뜻 내겠다는 말이 안 나올 때' 등이 그 뒤를 이었다. 정체성을 잃은 듯한 느낌을 호소하는 응답자도 있었다. 설문지에 '나를 어떻게 소개해야 할지 망설여질 때'와 '처음 만난 사람에게 내밀 명함이 없을 때'를 선택한 이들도 상당수다.

퇴직한 후 생기는 변화 가운데 두드러지는 점은 사교 모임에 나가기가 어려워지고, 가정에서의 대화에 변화가 찾아온다는 점이다. 남성은 주로 퇴직 후 모임에 나가기가 망설여지고, 명함이 없어 아쉬울 때가 있다고 답했다. 또 가족의 눈치를 보게 됐고, 가족들이 자신을 배려한다고 느낀 적이 있다고 답했다. 여성 역시 퇴직 후에는 모임에 나가는 것을 부담스럽게 여기며 가족의

퇴직 전후 월 소득은 평균 186만 원, 월 지출은 평균 65만 원 감소

Q. 퇴직 전후 소득과 지출은 얼마 인가요?

퇴직 전 월 소득	469.68만 원
퇴직 후 월 소득	284.08만 원
퇴직 전 월 지출	267.40만 원
퇴직 후 월 지출	201.98만 원
퇴직 후 이상적 생활비	224.11만 원

자료: 라이나전성기재단의 헬스&라이프 매거진 〈전성기〉와
서울대학교 소비트렌드분석센터(센터장 김난도 교수) 공동 설문조사

배려를 더 많이 느끼게 됐다. 한편, 여성은 퇴직 이후 자신이 자꾸 배우자에게 잔소리하게 된다는 답변도 나왔다. 퇴직 후 남성과 여성 모두 집 안팎에서 위축되는 모습을 보이는 것을 확인할 수 있다.

전통적인 퇴직 연령대가 되면 도리어 '경제적인 어려움'을 겪으며 일을 해야 할 필요성도 더 커진다. 퇴직 후 소득이 절반 가까이 줄어들기 때문이다. 퇴직 전 평균 469만 6,800원이던 월 소득은 퇴직하면서 284만 800원이 된다. 평균 186만 원 감소하는 것인데, 반면 월 지출은 평균 65만 원가량 줄어드는 데 그친다. 퇴직 후에도 부모와 자녀를 모두 부양해야 하므로 줄일 수

있는 지출 항목이 사실상 크지 않기 때문이다. 실제 퇴직 후 부모님을 위한 지출과 자녀에 대한 지원 금액에 '변화 없다'고 답한 응답자는 각각 53.3%와 40.3%로, '변화가 생겼다'고 답한 응답자보다 비중이 높았다.

설문조사에 따르면, 중년 퇴직자(퇴직 후 재취업자, 창업한 퇴직자, 재취업 또는 창업을 준비 중인 사람 포함)의 87%가 완전 은퇴가 아닌 경제활동을 이어가고자 하는 것으로 나타났다. 은퇴 이후 소득을 늘리고 노후대비를 하고 싶을 뿐 아니라, 일의 재미와 행복감을 느끼고 싶어서라고 할 수 있다. 취업과 창업을 원하지만 이루지 못했다고 답한 인원도 34%나 됐다. 은퇴자, 혹은 단순히 '고령자'로만 여겨졌던 이들의 마음속 바람에 대한 이해가 필요하다.

기업주도 욜드 생태계,
미국 AGING 2.0의 실험

전 세계가 초고령사회로 전환하는 움직임을 보이면서 액티브 시니어에 대한 관심도 높아지고 있다. 고령화 문제에 대응하기 위해 혁신적인 정보기술IT 기반의 제품, 서비스, 시스템 등을 만들어내기 위하여 국경을 초월하는 연구가 이어지고 있다. 그중 고령화 사회의 혁신을 위해 국제적인 단위로 움직이면서 주목받는 조직이 있다. 바로 세계 23개 국가에서 3만여 개 기업(단체)이 활동하고 있는 미국의 '에이징Aging 2.0'이다.

에이징2.0은 기업 간 네트워킹을 위한 플랫폼으로 고령친화 제품이나 서비스를 제공하는 기업들의 활동을 지원하고 고령친화산업에 필요한 생태계를 구축해왔다. 특히 고령친화산업 성장 전략을 정부 주도에서 기업 주도로 전환하는 것을 목표로 사업을 추진한다. 자발적으로 참여한 기업들은 시장에 기여하고 비즈니스를 활성화하기 위해 다양한 기업들과 협력하면서 파트너십을 강화하는 데 초점을 두고 있다.

특히 주목할 것은 단순히 고령자를 대상으로 하는 것이 아니라 전 연령이 누릴 수 있는 제품을 목표로 한다는 점이다. 고령친화산업의 성장잠재력을 높이고 다양한 기업의 참여를 유도하기 위한 전략이다. 이를 위해 고령화와 관련된 사업이나 활동을 하는 모든 기업·기관·단체가 참여할 수 있도록 했다.

고령친화산업 주도권 잡기 위해 적극적인 지원에 나서

에이징2.0의 배경에는 미국적인 특성이 반영돼 있다. 이민자가 많고 국토가 넓다는 특성 때문에, 미국의 고령자는 고립되기 쉽다. 가족과 떨어져 살며 가족들과 직접 만날 기회가 적은 고령자가 많다. 또한, 의료 및 케어 서비스가 확충되지 않은 점도 미국 고령자들의 불안 요소로 꼽힌다. 하버드대학교 법대, 의대와 오하이오대학교 연구팀이 〈아메리칸 의학저널〉에 발표한 보고서에 따르면, 2013~2016년 미국의 개인 파산자 중 66.5%의 파산 원인은 의료비였다. 아직 미국의 고령화 진행 상황은 다른 국가들에 비하면 빠른 편이 아니지만, 에이징2.0과 같은 움직임이 나타나고 있는 것은 이 같은 위기감이 가시적으로 드러나고 있기 때문이라는 분석이다.

아직 글로벌 시장에서 고령친화산업을 주도하고 있는 기업이나 단체가 없는 상황에서 주도권을 잡으려는 목적도 크다. 고령친화산업은 글로벌 단위로 15조 달러에 달할 것이라는 예측도 나온다. 금융과 교통기관, 주택, 헬스케어 등 다양한 분야의 비즈니스 카테고리가 포함된다는 점도 현재 에이징2.0이 주목받는 이유 중 하나다.

에이징2.0은 스타트업을 육성하는 인큐베이팅이 진행되고 있지 않지만, 성장하는 기업들에 대한 지원에는 아낌없이 나서고 있다. 매년 고령친화산업의 스타트업 대회 '글로벌스타트업서치GSS'를 개최하고 10개의 우수 기업을 발굴해 유망기업으로 성장시키고 있다. 우버, 아마존, 구글 등 대기업의 주최로 진행되는 이 행사에서 기업들은 유망한 벤처를 스카우트하거나 투자할 수 있는 기회로 삼고 있다.

GSS를 통해 배출된 대표적인 기업은 '트루링크'로, 고령자의 신용 사기 방지를 위한 체크카드를 만들었다. 사기로 인한 피해 비용을 절감할 수 있다는 점에서 유통업체, 금융기관 등이 큰 관심을 보였다.

또 고령자의 건강분석 프로그램을 제작하는 '라이프2'는 건강분석 시계를 개발해 고령자들이 착용하는 것만으로 건강상태를 확인할 수 있도록 한 점에서 의료기기 업체의 호평을 받고 있다.

도전과제 달성을 목표로 고령친화산업 육성

에이징2.0은 여러 도전과제를 나눠 사업을 진행한다. '그랜드 챌린지Grand Challenges'로 명명된 이들의 활동은 알츠하이머 등과 연관된 브레인 헬스, 커뮤니케이션이나 투약 관리 등의 '케어 코디네이션', 커뮤니티 형성이나 고립화 문제에 대한 대응 등이다. 여기에는 GSS에서 수상한 스타트업도 다수 참가해 새로운 아이디어를 제시하고 전에 없던 비즈니스 모델을 탄생시키고 있다.

기업 간 연계를 통해 새로운 비즈니스를 창출하려고 시도하고 있지만, 현실적으로 스타트업이 고령친화산업에 도전하기란 쉽지 않다. 에이징2.0은 이 같은 스타트업의 고민을 함께 해결하기 위해 '근접 기술Adjacent Technologes'을 활용하고 있다. 이미 다른 영역에서 이용되는 기술을 고령친화산업에도 활용할 방안을 함께 모색하는 것이다.

웨어러블 기기는 근접 기술을 적용하기 좋은 예로 최근 주목받고 있다. 덕분에 고령자가 착용했을 때 불쾌감을 느끼지 않으면서도 고령자의 상태를 정확하게 측정할 수 있는 제품이 잇달아 출시되고 있다. 웨어러블 기기 이외에도 스마트홈, 자율주행차 등 고령친화산업에 응용할 수 있는 기술에는 제한이 없다.

고령자만을 위한 새로운 기술 개발 성공이 어려웠던 상황에서, 지금까지 개발된 기술을 응용하는 쪽으로 방향을 전환한 이러한 시도는 효율성을 크게 높였다는 평가를 받는다.

향후 인구 감소로 고령자를 케어하는 인구 역시 줄어들 것으로 예상된다. 청년 인구가 줄면서 고령자를 돌볼 수 있는 인력은 감소할 수밖에 없는 상황이다. 로봇 등의 기술을 이용하여 대체가 가능할 거라는 기대가 있지만, 지역에 따라 로봇을 불편하게 생각하는 문화가 자리 잡은 곳도 있으므로 성공을 보장할 수는 없다. 에이징2.0은 이 같은 과제를 해결하기 위해 기업들과 의견을 공유하고 해답을 찾기 위해 노력하는 과정도 함께 진행하고 있다.

미국에서 시작된 에이징2.0은 이제 영국, 호주, 중국, 네덜란드 등 다양한 국가에서 기업 간 네트워킹 채널로써 활용되고 있다. 대기업의 네트워킹이 이뤄지면서 중소기업과 스타트업이 시장에 유입되고 혁신기술의 필요성이 대두됐다. 앞으로도 전 세계적인 해결과제로 자리 잡은 초고령화 문제에 대한 해답을 기업이 제시할 수 있는 틀이 마련된 것이다.

2장

빅데이터와
글로벌 현장서 뽑은
욜디락스 10대 트렌드

너무 뜨겁지도, 너무 차갑지도 않은, 딱 적당한 상태를 '골디락스Goldilocks'라 일컫는다. 경제 분야에서는 '뜨겁지도 차갑지도 않은 이상적인 경제 상황'이란 뜻으로 통용된다. 골디락스는 영국의 전래동화《골디락스와 세 마리 곰》주인공 금발 소녀의 이름에서 유래했다. 소녀 골디락스는 어느 날 숲속에 들어가 길을 잃고 헤매다 세 마리 곰(새끼 곰, 엄마 곰, 아빠 곰)이 주인인 오두막을 발견한다. 배가 고팠던 골디락스는 빈 오두막에서 "뜨겁지도 차갑지도 않은, 먹기에 적당한Just right, not too hot and not too cold" 수프를 먹고 잠자리에 든다. 그러다가 돌아온 집주인 세 마리 곰이 소리치자 깜짝 놀라 도망 간다.

　영국의 유력지 〈가디언The Guardian〉의 편집장 래리 엘리엇Larry Elliott은 1996년에서 2005년 사이의 미국 경제 호황기를 '골디락스 경제'로 비유했다. 미국의 금융시장 월가에서도 통용되며 화려하게 등장한 이 용어는 중국이 2000년대 초 9%가 넘는 GDP 성장률을 기록하자 영국 신문과 미국 언론 등에서 '중국 경제가 골디락스에 진입했다'는 표현으로 기사화하며 더 널리 알려졌다. 2008년 금융위기 이후에는 마치 전래동화 속 골디락스가 세 마리 곰을 보고 멀리 도망친 것처럼 사라져버렸다는 비유가 쓰이고 있다. 골디락스는 그만큼 찾기도, 유지하기도 쉽지 않은 상태를 의미한다.

저성장의 늪에 빠진 지금 한국경제의 부활을 위해서는 골디락스를 찾아내야 한다. 인구구조 변화에 걸맞게 욜드가 주도하는 경제 부활, '욜디락스Yoldilocks'를 이뤄내야 한다. 이를 위해서는 가장 먼저, 노인이 '사회적 민폐'라거나 부양의 대상이라는 편견 어린 시선에서부터 벗어나야 한다. 실제 지금의 만 65세~79세는 과거의 고령자, 또는 노인과는 상당히 다른 면모를 갖고 있기 때문이다. 욜디락스를 구성하는 알파벳(Y·O·L·D·I·L·O·C·K·S)으로 새로운 시장과 일자리를 만드는 생산자가 될 이들의 특징을 분석해본다.

드라마 시청하는
콘텐츠 소비자에서
콘텐츠 생산하는 스타로

빅데이터 전문 국내 기업 타파크로스가 2016년부터 2019년까지 트위터와 인스타그램, 페이스북, 블로그, 카페와 커뮤니티를 분석한 결과, 지금의 시니어 또는 고령자는 콘텐츠 소비자에서 콘텐츠 생산자로 변모한 것을 수치로 확인할 수 있었다. 취미·여가 활동에 있어 시니어의 관심사는 2016년 1순위가 독서, 2순위가 노래, 3순위가 미술, 13위가 드라마로 대부분 수동적인 참여자로서의 활동에 쏠려 있었다. 하지만 2019년 시니어의 관심사에는 3순위에 '연기acting'가 새롭게 등장했다. 직접 사진을 찍는 '사진'의 순위도 15위에서 5위로 순위가 껑충 뛰어올랐다.

이렇게 달라진 시니어들의 속내는 역시 빅데이터 분석으로 알아볼 수 있다. 빅데이터에서 시니어가 취미활동을 하는 이유

취미 여가

2016			2019		
글·독서	3,116	15.08%	음악	9,655	13.55%
노래	1,901	9.20%	글·독서	8,761	12.29%
미술	1,813	8.77%	연기	7,160	10.05%
영화	1,498	7.25%	미술	4,338	6.09%
커피	1,480	7.16%	사진	3,899	5.47%
음악	1,432	6.93%	노래	3,567	5.00%
공연·콘서트	1,270	6.15%	공연·콘서트	3,432	4.82%
체험·박람회	1,225	5.93%	체험·박람회	2,957	4.15%
요리	1,033	5.00%	영화	2,868	4.02%
전시회	994	4.81%	전시회	2.830	3.97%
게임	867	4.20%	커피	2,606	3.66%
화훼	785	3.80%	게임	2,035	2.86%
드라마	619	3.00%	화훼	1,446	2.03%
댄스	548	2.65%	요리	1,326	1.86%
사진	493	2.39%	드라마	1,263	1.77%
-	-	-	댄스	1,259	1.77%
-	-	-	맥주·와인	955	1.34%
-	-	-	크리에이터	923	1.29%

분석 기간: 2016.01.01~2019.12.31
분석 채널: 트위터, 인스타그램, 페이스북, 블로그, 카페, 커뮤니티
분석기관: 타파크로스

는 과거와 다르게 나타났다. 2019년의 시니어의 취미활동과 연계해 과거보다 많이 언급된 단어는 '멋진'과 '매력', 그리고 '로망'이다. '멋진'과 '로망'은 순위권에 없다가 새로 등장한 단어고, '매력'은 8위에서 6위로 두 계단 올라섰다. 최근 시니어들은 취미활동을 통해 '로망을 실현하는 멋진 삶을 살고 싶다'는 생각을 더 많이 하는 것이다.

더욱 능동적인 활동을 통해 로망도 실현하고 외적인 매력을 가지려는 '일거양득'을 노리는 시니어의 모습은 실생활에서도 쉽게 찾아볼 수 있다. 충청남도 당진시 정미면 산성리에 평균 연령 80세 노인으로 구성된 회춘유랑단이 있다. 이들은 연기에 새롭게 도전하면서 충남아마추어연극제에서 단체은상과 무대미술상을 깜짝 수상하며 이목을 끌기도 했다. 가수 유승우도 인터뷰에서 자신의 할머니는 70대이지만 드럼학원을 다닌다고 언급한 바 있다. 서울 성동시립노인복지관과 청구노인복지센터, 방배노인종합복지관 우쿨렐레반의 시니어들은 '코리아 시니어 우쿨렐레 클럽'이란 이름을 걸고 하와이 와이키키 우쿨렐레 페스티벌에 참가한다는 소식을 전하기도 했다. 단순 취미활동을 넘어 이제는 클럽을 꾸리고 경연대회에 출전하는 등의 대외 활동으로까지 이어지고 있다.

또 미국 구글 본사에서 초청을 받을 정도로 유튜브 스타가 된 47년생 박막례 할머니를 굳이 언급하지 않더라도, 최근 시니어

구분	2018년	2017년	2016년	2018년 증감율	2019년 증감율
3~9세	2,781	2,694	2,670	3.23%	0.90%
10대	5,071	5,237	5,401	-3.17%	-3.04%
20대	6,945	8,897	6,941	0.70%	0.82%
30대	7,439	7,555	7,517	-1.54%	0.51%
40대	8,484	8,577	8,532	-1.08%	2.69%
50대	8,383	8,298	7,802	0.78%	6.36%
60대	5,107	4,501	3,846	13.46%	17.06%
70세 이상	1,935	1,524	1,207	26.97%	26.26%

자료: 한국데이터거래소(KDX)

들의 인터넷 활용도가 상당히 높아졌다는 것은 자명한 사실이다. 한국데이터거래소KDX에 올라온 공공데이터 〈연령별 인터넷 이용자 수〉 통계도 이를 방증한다. 2017년에 비해 2018년 증감률을 분석해보면 30대(-1.53%)와 40대(-1.08%)는 인터넷 이용 숫자가 오히려 줄고 있지만, 60대(13.46%)와 70대(26.97%)는 두 자릿수 이상 인터넷 이용 숫자가 늘며 말 그대로 '폭풍 증가'를 보여줬다. 늦게 배운 인터넷에 대한 무서울 만치의 흥미와 활용도를 보여주는 수치다. 빅데이터를 통해 확인해도, 시니어들이 2016년 주로 찾아본 미디어는 방송과 페이스북이었지만, 2019년에는 유튜브가 2위권으로 새롭게 진입하면서 소통 방식이 바

꿰었음을 나타낸다.

신기술을 적극적으로 수용하는 경향은 휴일에 희망하는 여가 활동에도 그대로 드러난다. 문화체육관광부 조사에 따르면, 2016년에 비해 2018년에 60대와 70대 이상 모든 고령층 사이에서 희망하는 여가 활동으로 비중이 늘어난 항목은 두 가지였다. 그중 하나가 '인터넷 검색/채팅'이었고, 다른 하나는 '애완동물 돌보기'다. 여가로 인터넷 검색을 주로 즐기는 60대는 2.2%에서 2.9%로 늘었고, 70대 이상에서도 1%에서 1.3%로 늘었다. 애완동물 돌보기는 60대에서 0.3%포인트 증가하고 70대 이상에서도 0.6%포인트 증가했는데, 애완동물 관련 내용은 뒤에서 다시 다루기로 한다.

그리고 같은 자료에서 또 한 가지 특기할 만한 부분은 2018년부터 여가 활동으로 이색테마 카페를 꼽은 이들(60대 0.7%, 70대 0.9%)도 새로 생겨났다는 점이다. 반면 바둑이나 장기, 체스를 여가 활동으로 즐기는 비중은 줄었는데, 최근 시니어들 사이에서 새로운 활동을 배우고 즐기려는 욕구가 커졌다는 것을 드러내는 대목이라고 할 수 있다.

봉사, 여행, 배움에서
오아시스를 찾다

사회에서 산전수전을 겪어온 시니어 계층은 전 세대에 봉사
하고자 하는 마음도 크다. 경륜이 있기에 재능기부 등 봉사를 할
수 있는 영역도 다른 세대에 비해 훨씬 크다. 시니어들도 자신의
가능성을 발견한 듯, 다양한 봉사활동을 찾고 있다. 빅데이터 업
체 타파크로스가 분석한 시니어 관련 빅데이터를 보자. 2016년
에는 급식 봉사 등을 염두에 둔 듯, 연관어 5위가 '반찬'이었고,
8위가 '재능기부', 9위가 '도시락 배달'이었다. 하지만 2019년에
는 확연히 달라졌다. '재능기부'가 3위로 껑충 뛰어오른 것이다.
또한, 봉사에 대한 시니어들의 생각도 과거에는 '헌신'이었다면,
2019년에는 '취미'나 '발전', '열정' 등으로 변화했다.

절대적인 봉사시간도 시니어는 전 연령대를 통틀어 가장 길

2018년 기준 자원봉사자 1인당 연간 평균 봉사시간

10대 미만	8.8시간
10대 미만	12.8시간
20대	19.8시간
30대	13.7시간
40대	18.1시간
50대	24.9시간
60대 이상	47.4시간

자료: 통계청

다. 2018년 기준 0세부터 40대까지 모든 연령대는 연간 평균 봉사시간이 20시간을 넘어가지 못한다. 그러나 50대는 연간 평균 24.9시간을, 60대 이상은 연간 평균 47.4시간을 봉사활동에 시간을 쏟는다.

재능기부에 나서는 등 열정으로 점철된 삶은 시니어들의 여행 트렌드에서도 나타난다. 2020년 1월 26일부터 31일까지 한국관광협회중앙회와 업체 야놀자의 계열사 여행대학이 '시니어 꿈꾸는 여행자 과정'을 수료한 60대 이상을 조사한 결과, 시니어들은 동년배와의 여행을 선호하는 것으로 나타났다. 여행 시 함께 하고픈 동행자로 자식보다는 배우자(36.3%)와 친구(25.4%),

여행 커뮤니티(22.5%)를 꼽은 것이다. '시니어 꿈꾸는 여행자 과정'에서 총 8회에 걸쳐 기수를 모집하는 동안 12:1의 높은 경쟁률을 보였는데, 해당 과정에 지원한 시니어들은 여행을 단순한 여가 활동으로 보는 것이 아니라 이를 기반으로 새로운 일자리를 찾거나 삶의 의미를 재정립하는 모습을 보였다. 정년퇴직 후 관광통역안내사를 준비하는 수료생, 자신의 여행기를 책으로 출판하고자 하는 수료생, 시니어를 위한 여행사를 준비하는 수료생 등 액티브 시니어는 여행으로 제2의 인생을 준비하고 있었다.

도전 의식이 강한 시니어들의 이런 태도는 여행을 가기 위해 외국어를 배우고 자격증을 따는 등의 행동으로 이어지면서, 곳곳에서 나비효과가 발견되고 있다. 깃발 따라다니는 여행은 그만하고 영어를 배워서 자신의 갈 길을 가려는 것이다. 타파크로스의 빅데이터에서도 시니어들의 여행 목적과 관련해, 트위터나 인스타그램, 페이스북, 블로그, 카페, 커뮤니티를 분석해보면, 2016년에는 연관어 1위가 '건강'이었으나, 2019년 1위는 '친구'가 되었고, 11위권이던 '도전'은 8위로 올라섰다. 새로 등장한 연관어도 있는데, 바로 10위권에 올라선 '영어'다. 어학을 배우려는 동기도 단순히 능력을 개발하겠다는 목적보다 자기만족이나, 여행, 콘텐츠 제작 등 취미 생활을 적극적으로 즐기기 위함이었다. 최근에는 여행 블로거가 되기 위해 영어, 중국어, 일어 회화를 공부하는 시니어, 영어 공부에 미련을 버리지 못해 개인 교습을 받는 80대 등의 사례도 찾아볼 수 있다.

사례소개

'시니어 꿈꾸는 여행자 과정' 지원자 글

(야놀자 커뮤니케이션실 제공)

❶ 관광통역안내사를 준비하는 수료생

"평소 역사문화예술과 여행에 관심과 애정이 많아 주말마다 목적지와 테마를 정해 돌아보고 있습니다. 내년에 회사 정년퇴직 예정인데 퇴직 후 관광통역안내사를 목표로 준비하고 있습니다."

❷ 여행기를 책으로 출판하고자 하는 수료생

"35년 직장생활 은퇴를 앞두고 미래의 비전으로 여행작가의 꿈을 구체화하려고 합니다. 직접 여행기를 책자로 발간하고 싶은 생각에 ○○문화센터에서 책 만들기 과정을 밟고 있으며 어느 정도 자료가 쌓이면 구체적인 책 발간도 계획하고 있습니다."

❸ 시니어를 위한 여행사를 준비하는 수료생

"국내외 여행계획 수립 방법과 사진 촬영기법을 배우고 싶습니다. 이를 기반으로 여행사를 운영하는 친구의 도움을 받아 시니어들이 운영하는 여행사를 만들 계획입니다."

❹ 여행을 통해 나만의 카피를 쓰고 싶은 지원자

"은퇴를 앞두고 앞으로의 인생에서 잘할 수 있는 의미 있는 일을 찾다 보니, 여행작가가 아닐까 하는 생각이 들었습니다. 평생 카피라이터로서 광고주의 서비스를 팔기 위해 생각하고 카피를 썼다면, 앞으로는 내가 좋아하는 여행, 신기하게 느끼는 지역, 관심 있는 사람들에 대한 내 생각과 느낌을 그대로 표현하는 삶을 살고 싶습니다."

❺ 생태학습 스토리텔링을 해주고 싶은 지원자

"문화재청의 궁궐 지킴이 자격증을 획득하여 덕수궁에서 정기적으로 해설하고 있습니다. 이런 지식을 확대해가고 싶어 국립민속박물관에서 시행하는 전통문화지도사 2급을 습득했고, 1급 수료를 위해 현재 공부하고 있습니다. 그리고 평소 나무, 풀 등 동식물이 사는 숲을 좋아해 많은 분이 생태 파괴를 방지하고 환경을 보호할 수 있도록 숲 해설 활동 자원봉사도 하고 있습니다. 성인은 물론 청소년, 유아에게 스토리텔링 방식을 활용해 현장학습, 생태학습을 도와줄 수 있다고 생각합니다."

시니어들의 도전은 성공적일까? 자격증 관련 국가 통계치를 확인해보면, 충분히 긍정적인 가능성을 확인할 수 있다. 한국데이터거래소KDX와 통계청의 자료에 따르면, 한국산업인력공단의 자격시험 필기 합격률은 60~64세가 되려 전 연령대의 평균보다 높았다. 2015년 이래로 60~64세의 필기합격률은 전 연령대 평균보다 늘 높았고, 심지어 2018년에는 합격률이 더 올라가 전체 평균 합격률이 43.9%인 반면 60~64세는 48.7%를 기록했다. 기술사와 기사 등 전반적인 자격증에 대한 취득 현황에서도 60세 이상의 증가율이 눈에 띈다. 2016년 이래로 자격증을 취득하는 60세 이상이 점차 늘어나, 60~64세는 증가율 77.6%, 65세 이상은 증가율 133.4%를 보였다.

몸만들기에 도전하는 욜드,
그들이 운동하는 진짜 이유

국민건강보험공단의 건강검진통계에서 재미난 점을 발견할수 있다. 일주일에 '3일' 고강도 신체활동을 한다고 응답한 사람중 가장 많은 비율을 차지한 이들은 정확히 만 65세에서 79세까지의 욜드 세대였다. 2018년 기준 평균 1주일 동안 고강도 신체활동을 하는 일수를 물었을 때, 0세부터 64세까지는 '1일'이 가장 많았다. 하지만 65세~79세는 '3일'이라고 응답한 비율이 20%대로, 가장 많은 비중을 차지했다. 중강도 신체활동 시행일도 나이가 많을수록 더 늘어났는데, 55세 이상에서는 평균적으로 '3일 이상'이라는 응답이 많았다. 근력운동도 마찬가지다. 만 65세에서 79세에게 최근 1주간 근력운동 시행일수를 물었을 때, 가장 많은 대답은 '3일'이었다. 60~64세 또한 높은 비율로

'고강도 신체활동' 응답자 가장 많은 일수(1주일 중)				'중강도 신체활동' 응답자 가장 많은 일수(1주일 중)		
나이	일수			나이	일수	
19세 이하	1일			19세 이하	1일	
20~24세	1일			20~24세	1일	
25~29세	1일			25~29세	1일	
30~34세	1일			30~34세	1일	
35~39세	1일			35~39세	1일	
40~44세	1일			40~44세	1일	
45~49세	1일			45~49세	1일	
50~54세	1일			50~54세	1일	
55~59세	1일			55~59세	3일	
60~64세	1일			60~64세	3일	
65~69세	3일	23.19%		65~69세	3일	22.55%
70~74세	3일	23.49%		70~74세	7일	21.51%
75~79세	3일	21.76%		75~79세	7일	19.58%
80~84세	1일			80~84세	3일	
85세 이상	1일			85세 이상	7일	

자료: 국민건강보험공단, 건강검진통계(2020년)

'3일'이라고 답했고, 나머지 연령대는 모두 '1일'이라고 답한 응답자가 많았다. 24세 이하 젊은 세대보다도 근력운동을 열심히 하는 세대가 욜드 세대인 것이다. 이에 따라 시니어의 건강에 대한 담론도 다변화되고 있다. 타파크로스의 빅데이터에 따르면, 2016년에 비해 2019년에는 '근육'과 관련한 시니어들의 언급이 2배 늘어났고, '복근'은 3배, '체지방'은 5배 가량 늘어났다. 운동하는 유형도 다양해졌다. 2016년 8위로 언급됐던 '필라테스'는 2019년 4위로 올라섰고, '걷기'와 '등산'의 순위는 내려갔다. 한편, '복싱'과 '홈트(홈 트레이닝)'이 새롭게 시니어 관련 연관어 순위권에 진입했다.

이렇게 운동을 열심히 하는 시니어는 단순히 건강을 얻으려고 하는 것일까? 아니다. 과거와 달리, 시니어들은 운동으로 근육과 매력, 그리고 인기를 목적으로 한다. 2016년 빅데이터로 살펴본 시니어의 관심사 1위는 건강(26.61%)이었고, 외모는 전체 관심사의 2.54%에 불과했다. 하지만 2019년 외모가 전체 언급량의 20.15%를 차지하며 2위로 올라섰다. 외모에 대한 시니어의 관심사가 커진 것이다. 빅데이터로 살펴본 시니어의 운동 동기도 과거에는 3위가 '병의 예방', 6위는 '병을 낫게 하도록'이었지만, 2019년의 그들은 다르다. 2019년 시니어의 운동 동기로 꼽힌 것은 3위가 '행복', 5위가 '함께하는'이었다. '멋진', '아름다운', '매력' 또한 여전히 순위권에 있었다.

최근 시니어의 관심은 질병보다도 영양과 운동 쪽으로 더 쏠리고 있다. 빅데이터에서 살펴본 시니어의 건강관리 연관어에 '단백질'이 2019년 새로 등장했고, '필라테스'와 '비타민'도 새롭

2016		2019	
건강한	636	건강한	813
필요한	513	필요한	719
예방	393	행복한	629
유용한	323	회복	522
기분좋은	321	함께하는	375
(병이)낫다	290	즐거운	351
즐거운	165	멋진	349
유익한	126	아름다운	330
아름다운	120	매력	318
멋진	113	예방	223

분석 기간: 2016.01.01~2019.12.31
분석 채널: 트위터, 인스타그램, 페이스북, 블로그, 카페, 커뮤니티
분석기관: 타파크로스

게 등장했다. 반면, 8위였던 '건강식품'은 13위로 주저앉았다. 건강관리도 건강식품보다 직접 영양을 보충하고 운동을 하는 쪽으로 바뀌고 있음을 확인할 수 있다. 실제 사례로는 아들, 손주와 함께 피트니스를 하며 몸만들기에 도전하는 60대 등을 볼 수 있다. 2013년에 발족해 운영 중인 실버야구연맹의 구성원들도 왕성한 활동을 자랑하고 있다. 60대 여성이 '10년 젊게 살기' 영상을 브이로그v-LOG로 온라인에 올린다든가, 요가 강사 자격증이

있는 60대 여성이 동영상 강의를 하는 모습도 볼 수 있다.

이러한 변화는 어떻게 가능해진 것일까? 앞서 설명한 기대여명의 변화도 영향이 있겠지만, 살아가는 동안 노인들 스스로 자신의 건강에 자신감과 만족도가 커진 것도 배경으로 크게 작용했다. 한국데이터거래소에 나타난 2017년 '노인의 건강상태 만족도' 조사결과를 보면, 욜드 세대(만 65~79세)가 자신의 건강상태에 '만족하지 않음'과 '전혀 만족 안 함'으로 답한 합계는 50%가 되지 않는다. 자신의 건강상태에 만족한 이들이 절반을 넘은 것이다. 80세가 지나서야 자신의 건강상태에 대한 불만족도가 50%를 넘어간다.

이런 가운데 고령자의 사망 원인도 과거와는 달라지고 있다. 통계청에서 낸 '2019년 고령자 주요 통계'를 확인하면, 2019년 65세 이상 고령자의 사망 원인은 암이 가장 높고, 심장질환-폐렴 순이다. 주목할만한 점은 매해 암으로 인한 사망률이 감소하고 있다는 점이다. 반면, 폐렴으로 인한 고령자의 사망률은 2010년 5순위로 진입한 이후 꾸준히 증가하고 있다. 주요 사망 원인이었던 암은 고령자들이 비교적 잘 극복해가고 있으며, 다른 사망 원인이 나타나는 현상을 확인할 수 있다.

자연스러운 멋과 매력 추구하는
소비 트렌드

2019년 1월부터 10월까지 현대백화점 매장과 아울렛에서 50~60대 고객의 전년 대비 매출신장률은 7.6%를 기록했다. 50~60대 고객의 매출 신장세는 이번이 처음이 아니다. 중장년층의 백화점 매출은 지난 2015년에도 5.8%, 2016년에는 7.9%, 2017년 8.8%, 2018년 7.3% 등 꾸준한 증가를 보여왔다. 세부 항목으로는 가전(16.7%), 화장품(9.1%), 스포츠(8.8%), 패션 상품(8.5%) 등이 차례로 높은 신장률을 보였다. 특히 수입 의류(16.3%), 리빙(18.3%) 등 고가 제품의 신장세가 두드러졌다. 소득과 자산에 여유가 있는 시니어 고객의 경우, '노년층은 돈을 안 쓴다'는 사회적인 통념과는 달리, 갈수록 더 적극적인 소비층으로서의 존재감을 드러내고 있다.

특히 현대백화점이 안마의자, 인바디, 손목 보호장비 등 실생활 건강관리용 전자제품 및 기타 제품을 모아 판매하는 홈헬스케어 매장 '헬스테크'의 경우는 같은 기간 60대 이상 고객의 매출신장률이 43.6%에 달했다. 헬스테크의 전체 신장률이 23.7%인 것과 비교하면, 상당히 큰 신장률이라는 걸 알 수 있다. 가발에 대한 호응도도 높게 나타났다. 2010년부터 운영 중인 여성 가발 전문 브랜드 '파로'는 매년 10%대 신장세를 보인다. 또 현대백화점의 온라인쇼핑몰 '더현대닷컴'의 연령별 매출 신장률을 분석해보면 60대 이상 매출신장률이 61.3%를 기록해 온라인 시장에서의 시니어 고객 이용률도 비약적으로 늘어나고 있다고 분석할 수 있다.

신세계백화점의 통계도 비슷한 추이를 나타내고 있다. 신세계백화점의 컨템퍼러리 장르에서 60대 이상 고객의 판매 신장률은 증가세를 보인다. 60대 이상 컨템퍼러리 패션 구매 고객의 판매 신장률이 2017년 5.8%였는데, 2018년에는 14.9%가 됐고, 2019년 17.2%로 올랐다. 이는 젊은 층과 비교해도 괄목할 만한 성장세다. 같은 기간 20대의 판매 신장률은 −1.0%에서 0.2%, 그리고 2019년 13.8% 수치를 보였고, 30대의 판매 신장률은 −1.8%에서 3.0%로 변화했고 2019년 18.2%를 기록했다.

뷰티 분야와 관련해 시니어의 관심도는 점차 다변화되고 있다. 빅데이터 전문기업 타파크로스에서 분석한 바에 따르면,

구분	2017년	2018년	2019년
20대	-1.00%	0.20%	13.80%
30대	-1.80%	3.00%	18.20%
60대 이상	5.80%	14.90%	17.20%

자료: 신세계백화점

2016년 시니어의 뷰티 관련 연관어의 4위가 '염색', 7위가 '메이크업'이었다. 하지만 흰 머리를 가리는 염색은 2019년에는 시니어 뷰티 관련 연관어에서 순위권 밖으로 밀려났다. 대신 '메이크업'이 3위로 올라서고, 9위와 10위에 각각 '향수'와 '동안'이 새롭게 등장했다.

패션에 관한 관심도 시니어들 사이에서 뜨거워지고 있는데, 최근 패션모델에 도전하는 시니어가 등장해 주목을 받고 있기 때문이다. 요즘엔 인스타그램 등 SNS에 자신의 데일리룩을 올리는 시니어를 쉽게 발견할 수 있다. 한 예로, "1월 13일 월요일 복장 올청: 로열블루코트, 네이비스웨터, 터틀넥, 라이트블루울 팬츠슬렉스… #패션피플 #시니어 #일상룩 #데일리룩 #코디"와 같은 문장으로 젊은 층과 똑같이 해시태그(#)를 달고 글을 쓰는 식이다.

타파크로스의 빅데이터에서 시니어와 관련한 패션 용어 중 일상에서의 멋짐을 강조하는 '데일리룩'과 '패션피플' 같은 단어가 2019년에 자주 사용하는 키워드 순위권 안에 등장하기 시작했다. 한복의 아름다움을 재발견하면서, '한복'이라는 단어도 새로 등장했으며, 연예인같이 아름다운 모습을 사진으로 남기고 싶은 욕구는 시니어 패션 연관어 8위에 '화보', 11위에 '런웨이'가 새로 등장하는 데 큰 역할을 했다. 은빛 수염과 장발을 휘날리며 인기를 끈 1955년생 모델 김칠두의 인기도 한몫을 한 것으로 보인다. 김칠두는 27년간 생계를 위해 운영해온 순댓국집이 무리한 사업 확장으로 문을 닫게 된 뒤 연극배우로 활동 중인 딸의 권유로 모델아카데미에 등록한다. 그리고 얼마 뒤 데뷔하면서부터 주목을 받으며 패션쇼부터 패션화보, TV광고에 이르기까지 종횡무진하고 있다.

YOLD IoT LOCKS

IoT로 진화하는
욜드 용품

옌센 씨가 아침에 일어나 '히어링에이드(보청기)'를 켜자 커피 포트에서 물이 끓기 시작한다. 옌센 씨가 커피를 마시며 신문을 보는 사이 히어링에이드에 내장된 인공지능AI 카이즌은 그가 좋아하는 엔니오 모리코네의 영화음악을 재생한다. 히어링에이드가 초인종이 울렸다는 알람을 옌센 씨의 귀에 전달한다. 방학을 맞아 집에 놀러온다던 손주들이 도착한 모양이다. 가정 내 사물인터넷IoT의 중심이 된 히어링에이드는 일상에서부터 비상 상황까지 옌센 씨에겐 없어서는 안 될 도구가 됐다.

노인들의 구닥다리 유물로만 평가되던 보청기가 진화하고 있다. 아날로그 용품으로 생각됐던 보청기가 가정 내 전자제품과 무선으로 연결되는 IoT 환경이 들어서면서 노인들의 삶의 지형

토마스 베렌슨 씨가 자사 히어링에이드의 기능을 설명하고 있다

을 바꿔놓고 있다. 단지 소리를 키워주는 도구가 아니라 노인의 일상생활을 도와주는 개인 비서로 기능하고 있기 때문이다.

엔센 씨가 착용한 히어링에이드를 만든 오티콘은 세계 최대 가전 박람회 CES의 단골손님이다. 오티콘은 2017년부터 3년 내리 '혁신상Innovation Award'을 수상했다. 매해 CES에서 AI와 IoT 등 4차 산업혁명 기술을 적용한 히어링에이드의 진화를 주도한 결과다.

덴마크 오티콘 본사에서 만난 청각응용 및 청력연구센터 책임자 토머스 베렌스Thomas Behrens는 "우리는 새로운 시니어 세대의 니즈가 그들의 부모와는 많은 방면에서 다르다는 것을 알고 베이비부머 세대를 위한 준비를 해왔다"며 "그들은 더 활동적이고, 더 많은 것을 요구하는 세대이며 나이가 들어도 액티브한 삶을 추구한다"고 말했다.

오티콘은 CES2017에서 사물인터넷 기능과 근거리 무선통신
이 적용된 세계 최초의 제품 '오티콘 오픈 1·2·3'을 발표하며
시장의 집중 관심을 받았다. 히어링에이드는 다른 기기와 연결
되고 스스로 명령을 수행하기도 하는데, 보청기 배터리가 얼마
남지 않았을 경우 연동된 스마트폰으로 메시지를 보내기도 한
다. 초인종이 울리면 보청기에서 음성으로 알려주는 기능도 탑
재됐다. 또 히어링에이드 센서가 노인의 낙상을 감지하면 자동
으로 스마트폰과 연결해 지인들에게 문자 메시지를 발송할 수
있게 했다.

베렌스 총책임자는 "디지털 기술에 익숙한 욜드를 위해 IoT
기술에도 주력해온 결과 4년 전부터 우리 히어링에이드는 스마
트폰과의 연결이 가능해졌다"며 "아울러 앱과 앱 혹은 사물인터
넷의 기능을 서로 이어주는 IFTTT If This, Then That 플랫폼을 활용해
집과 자동차 등을 컨트롤 할 수 있게 됐다"고 설명했다.

오티콘은 이듬해 열린 CES2018에서 오티콘 오픈의 전용 앱
'히어링피트니스Hearing Fitness'를 발표하며 한 단계 더 진보된 기술
을 선보였다. 오픈 보청기와 함께 사용하는 이 앱은 보청기 사
용, 청취 환경뿐 아니라 심박 수, 수면 패턴, 운동량 등을 다른
전자기기로부터 전달받아 건강 데이터를 종합하고 분석한다. 또
한, 오픈 사용자의 청취능력을 보호·향상하고 건강에 대한 팁을

전달해주는 기능도 있다.

오티콘 에릭스홀름 연구센터의 연구원들은 두뇌가 소리의 감각을 인지할 수 있도록 도움을 주는 기술인 브레인히어링Brain-Hearing을 개발해왔다. 그리고 이 기술을 '히어링피트니스'에 적용했다. 브레인히어링 기술이 적용된 보청기는 음향 환경 분석하고 보청기 사용으로 추적한 데이터를 히어링피트니스 앱으로 전송한다. 이 데이터를 통해 히어링피트니스 앱은 최적화된 환경에서 보청기를 사용할 수 있도록 도와준다. 오티콘은 뇌로 듣는 브레인히어링 기술을 강화하자 보청기 사용자들의 대화 기억력이 20%, 말소리 이해도가 30% 향상된 것으로 파악하고 있다. 오티콘은 욜드들이 청력에 관해 치료보다는 관리에 더 관심이 많다는 데 집중했다. 히어링피트니스와 같은 일상생활을 위한 청력 관리 툴을 개발한 것도 같은 맥락이다. 베렌스 총책임자는 "뇌가 소리를 인식할 수 없는 상황이 되면, 대화에 반응하고 대답하는 등의 활동적인 삶을 살 수 없게 된다"며 "청력 손상과 관련해 아무것도 할 수 없는 상황이 되면 3년 안에 치매와 우울증 진단을 받을 확률이 20% 이상 증가한다. 그러므로 일상생활에서 청력을 관리하는 것은 이들에게 매우 중요한 문제"라고 설명했다.

2019년부터 오티콘은 히어링에이드에 AI 기술을 적용하며 시장 혁신을 주도하고 있다. 2019년 프로토타입(시제품)이 공개

된 인공지능 카이즌은 보청기 사용자의 과거 청취 선호도 및 습관, 환경을 바탕으로 새로운 청취 상황에서의 선호도를 예측한다. 가령 사용자가 기존에 청취했던 음악을 바탕으로 새로운 음악을 추천한다는 점에서 세계 최대의 음악 스트리밍업체 스포티파이와 비슷하다.

최근 오티콘은 청력 손실에도 불구하고 활동적인 삶을 살 수 있도록 필터링 사운드 기술에 집중하고 있다. 주변에서 발생하는 모든 소리 중에서 사용자가 집중하여 듣고자 하는 소리에 우선순위를 두어 보다 잘 들을 수 있도록 도와주는 기능이다.

저녁 모임이나, 넓은 장소에서 주변 사람들이 동시에 대화하는 상황을 염두에 두고 기술 개발이 이뤄졌다. 욜드가 더욱 활동적인 삶을 살도록 사회적 관계를 개선하고, 대화에 더 적극적으로 참여할 기회를 만들어주자는 취지다.

베렌스 총책임자는 "이전의 보청기 기술은 소리를 증폭시켰다. 따라서 사용자들은 저녁 식사나 모임에 참여했을 때 소음 환경에 더 많이 노출됐다"며 "하지만 오늘날 브레인히어링 기술을 탑재한 보청기는 원하는 대화에 집중하고, 보다 적극적으로 참여할 수 있게 도와준다. 이것은 사용자를 조직과 사회의 한 일원으로 느끼게 한다"고 말했다.

4차 산업기술을 히어링에이드에 적용하기 위해 오티콘의 모기업 윌리엄디만트 그룹은 꾸준히 연구개발R&D 투자를 늘려오고 있다. 이 회사의 2014년 R&D 투자액은 6억 8,000만 덴마크 크로네(1,193억 원)였지만 이 액수는 2018년 10억 900만 덴마크 크로네(1,770억 원)로 최근 5년 새 48.4%나 늘었다. 첨단 기술의 활용이 소비자들의 발길을 이끌면서 같은 기간 이 회사 수익은 93억 4,600만 덴마크크로네(1조 6,397억 원)에서 139억 3,700만 덴마크크로네(2조 4,451억 원)로 49%나 급증했다.오티콘은 더 많은 욜드를 공략하기 위해 청력에 문제가 없더라도 소음 노출을 줄여 청력 손실을 예방하는 범용 장비를 개발하고 있다. 범용 제품을 통해 다양한 계층의 욜드를 공략하겠다는 포석이다. 베렌스 총책임자는 "우리는 2019년부터 연구개발에 착수했고, 이제 소음 속에서 의사소통하기를 원하는 모든 사람을 위한 히어링에이드를 공급할 수 있게 됐다"며 "히어링에이드라는 도구를 선택하고, 매일 사용하게 되면 사람들이 사회적으로 더 액티브해지고 더 행복한 시니어 라이프를 누릴 수 있다는 연구 결과를 제품을 통해 입증할 계획"이라고 설명했다.

욜드의 라이프스타일에서
수요를 캐치하라

"시니어 비즈니스는 다양성의 측면에서 접근해야 합니다. 매스마켓으로는 좀처럼 접근하기가 쉽지 않습니다. 오랜 기간 다른 방식으로 삶을 살아온 사람들이 가진 각양각색의 가치관 때문에 젊은 세대처럼 하나의 유행에 몰리는 현상이 발생하지 않습니다. 미시적인 측면에서 접근하는 것이 앞으로 더욱 중요해질 것입니다."

덴쓰電通 시니어프로젝트 대표 사이토 도오루는 시니어 마켓에서 핵심은 '다양성을 찾는 것'이라고 지적했다. 고령 인구가 증가함에 따라 다양한 취향에 적절히 대응하기 위해서는 더욱 정밀한 접근이 필요하다는 의미다. 지금까지 60세 이상을 한 그룹으로 모아 정의하던 방식에서 탈피해, 다양한 고령자 수요를

사이토 도오루 덴쓰 시니어프로젝트 대표

맞출 수 있는 제품 개발에 나서야 한다는 지적이다.

일본 최대 광고대행사인 덴쓰는 2000년부터 시니어 마켓 연구에 착수했다. 1990년대 일본이 고령사회를 맞이한 이후 중장기적인 시점에서 일본 인구의 변화에 대해 고민할 필요가 있었기 때문이다. 이미 일본에서는 1980년대부터 저출산 고령화에 따른 인구 감소가 예견되는 상황이었고, 2000년대부터는 그 영향이 가시적으로 드러나고 있다. 고령화 문제가 점점 고조되면서 기업의 마케팅 측면에서 광고업체가 도움을 줄 수 있을 것이라는 판단에 따라 고령자 관련 연구가 시작됐다.

그러나 당시 분위기는 '노인은 비즈니스 대상이 될 수 없다'는 것이 대다수 기업 관계자의 시각이었다. 광고대행사가 시니어 연구를 시작한 것은 기업을 설득하기 위한 작업의 일환이었다.

고령자의 동향과 생활환경 변화를 연구해 사례를 모으면서 기업 관계자들에게 시니어 마켓에 대한 관심을 가질 수 있도록 시장을 개발해온 것이다. 사이토 대표는 "당시에는 눈에 보이지도 않는 고령자를 고객으로 대우해야 한다는 개념조차 없었다"며 "관심을 가진 기업은 있었지만 사회적인 분위기가 고령자를 소비역량이 없는 사람으로 보면서 본격적으로 시니어 마켓 개척에 선뜻 나서지 못했다"고 설명했다.

그런데 2007년부터 상황이 급변하기 시작했다. 일본의 베이비붐 세대로 불리는 '단카이團塊' 세대 중 가장 연령이 높은 1947년생이 60세가 되는 해였기 때문이다. 정년퇴직을 맞는 인구가 급증하면서 은퇴 세대를 위한 새로운 마켓이 열리지 않겠냐는 기대감이 형성됐다. 특히 이들은 2차 세계대전 이후에 태어난 세대로, 은퇴 후에 생의 마감을 준비하던 이전 세대와는 차이를 보일 것이라는 기대가 컸다. 시장에는 새로운 소비자의 등장에 장밋빛 미래를 예상하는 사람들이 많았다.

그러나 이후 일본 기업의 시니어 비즈니스는 시행착오의 연속이었다. 단순히 돈을 가진 노령 인구가 소비하게 하겠다는 접근은 실패로 이어졌다. 사이토 대표는 "단지 일본의 고령자가 가진 개인 자산이 많다는 이유로 접근하면 매크로한 접근만 가능하다"며 "고령자의 내면을 정교히 분류하고 고령자의 상황에 따라 대처해야 한다는 인식이 필요하다. 그러나 이런 다면적인 인식 변화는 10년 넘는 시간에 걸쳐 이뤄졌다."고 말했다.

액티브 시니어라고 통칭하지만, 그들 모두 다른 니즈를 가지고 있다는 설명이다. 즐길 거리를 찾는 사람이 있는가 하면, 케어를 위한 용품을 찾는 사람도 있다. 2010년대 초반에는 기업들이 고령자 중에서도 나이대가 어린 60대를 타깃으로 전략을 펼치곤 했다.

하지만 이러한 세대별 공략은 크게 성공하지 못했다. 같은 세대라도 경제, 건강 등에 따라 다른 상황에 놓인 경우가 많기 때문이다. 사이토 대표는 "고령자 안에서도 격차가 있으므로 나이대로 묶어서는 모든 범위를 수용할 수 없다"고 말했다.

사이토 대표는 기본적으로 '시니어 대상 상품'이라는 것이 바람직한지부터 고민해야 한다고 지적했다. 그는 "성인용 기저귀나 간편식 등은 필요한 사람들에게 '돌봄용 상품'으로 쉽게 받아들여지지만, 일반적인 상품은 그러기가 쉽지 않다"며 "예를 들어 화장품의 경우 기능적으로는 주름 개선 등 피부 노화에 대비하는 고령자를 대상으로 만드는 제품이라도 그걸 '시니어를 위한 제품'이라고는 말하지 않는다"고 설명했다.

사이토 대표는 새로운 시니어 비즈니스를 찾기 위해서는 고령자가 어떤 곤란을 겪고 있는지를 파악하는 것이 우선이라고 강조했다. 그 과정에서 고령자가 필요로 하는 것이 무엇인지 찾을 수 있다는 것이다. 치매, 뇌졸중, 심장질환, 악성종양 등 연령에 따른 건강문제는 물론, 고령자 1인 가구의 증가, 쇼핑 난민(거동, 교통 등이 불편해 식료품, 생활용품을 사러 나가기 어려운 사람들) 등 사회문제를 비즈니스의 기회로 삼는 분위기가 생겨나면, 다양한 기술적 요소들이 결합해 고령자에게 도움을 주는 제품으로 탄생할 수 있다는 설명이다. 사이토 대표는 "일본에서는 지금까지 고령자가 가진 문제 해결의 주체는 정부나 지자체 등의 행정부 쪽이었지만 정부 재정이 어려워지고 저성장이 이어지는 상황에서 행정부에만 의존하는 것은 무리가 있다. 비즈니스가 그 역할을 맡는 것이 새로운 대안이 될 수 있을 것"이라고 설명했다.

현재 일본에서는 고령자 주변의 변화에 주목해 사업 아이템을 찾는 벤처기업이 다수 등장하고 있다. 움직임을 편하게 해주는 로봇 슈트, 치매 환자를 발견하는 QR코드 등 기술요소가 반영된 것도 적지 않다. 사이토 대표는 "세세한 부분까지 살펴야 한다는 점에서 시니어 비즈니스는 대기업들보다 벤처기업이 진입하기 좋은 경우가 많다. 급성장할 것으로 볼 수는 없지만 앞으로 노령 인구의 증가와 함께 성장 가능성은 크다"고 말했다.

사이토 대표는 "기업으로서 세분된 비즈니스를 전개해야 한다는 어려움이 있지만 앞으로 고령 인구가 더욱 늘어갈 것이기 때문에 그들에게 초점을 맞춘 연구는 계속 진행돼야 한다"고 덧붙였다.

전원주택·실버타운?
내 삶 궤도 지키고 싶어

　전원주택과 실버타운은 오랜 시간 모든 시니어 세대의 로망으로 여겨져 왔다. 노년에 탁 트인 정원과 맑은 공기, 산과 호수가 어우러진 경관 좋은 곳에서 유유자적하거나 피트니스 시설과 365일 삼시 세끼를 제공하는 곳에서 '호의호식'하는 것이 성공의 삶인 것처럼 포장돼 왔기 때문이다.

　하지만 〈매일경제〉가 한국데이터거래소와 통계청 데이터 분석을 통해 확인한 결과, 욜드의 대다수는 현재의 건강상태를 유지할 경우 살던 집에서 계속 살고 싶어하는 것으로 나타났다. 전원주택과 실버타운을 꿈꾸기보다는 내 삶의 궤도를 지켜가겠다는 의지가 나타나는 대목이다.

　한국데이터거래소와 통계청에 따르면, 국내 65세 이상 노인

인구(1만 72명 조사)의 93.1%는 건강을 유지할 경우 현재 집에서 계속 살고 싶어 하는 것으로 나타났다. 거동이 불편할 때도 시설 입소(30.1%)보다는 현재 사는 집에서 재가서비스를 받으며 살고 싶다(58.1%)는 응답 비율이 높았다. 건강을 유지할 경우 식사와 생활편의 서비스 등이 제공되는 주택에 들어가길 희망한다는 응답은 0.2%에 불과했다. 특히 소득이 높은 사람일수록 전원주택과 실버타운 등에 입주할 수 있는 여력이 크지만, 소득 최상위 20%를 차지하는 소득 5분위에서는 희망 응답이 0.1%로 평균을 밑돌았다.

글로벌 금융시장에 콘텐츠와 분석을 제공하는 맥그로힐파이낸셜McGraw Hill Financial Global Institute과 글로벌노화연합Global Coalition on Aging은 2016년 발표한 〈노화와 도시화Aging and Urbanization〉 보고서를 통해 "내 집에서 나이들 수 있는 주거 환경을 조성해야 한다"고 제시했다. '스마트홈'과 '텔레헬스' 같은 새로운 기술 혁신들이 이를 더욱 효율적으로 만들고 있다고 분석한다.

이미 미국과 유럽 등 글로벌 선진국에서는 고령 친화 인프라스트럭처Age-Fridenly Infrastructure 조성 원칙으로 '내 집에서 나이 들기 Ageing in place'를 제시하고 있다. 공공 요양서비스와 민간 비즈니스 역시 이 원칙을 중심으로 활성화되고 있다.

글로벌 주요 도시는 기업과 손잡고 새로운 비즈니스에 대한 전략을 만들어가고 있다. 이탈리아 볼차노Bolzano 시는 IBM과 손

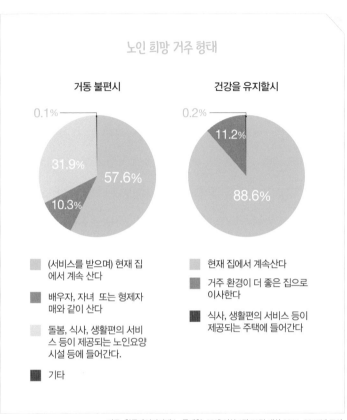

노인 희망 거주 형태

거동 불편시

0.1%
31.9%
57.6%
10.3%

- (서비스를 받으며) 현재 집에서 계속 산다
- 배우자, 자녀 또는 형제자매와 같이 산다
- 돌봄, 식사, 생활편의 서비스 등이 제공되는 노인요양시설 등에 들어간다.
- 기타

건강을 유지할시

0.2%
11.2%
88.6%

- 현재 집에서 계속산다
- 거주 환경이 더 좋은 집으로 이사한다
- 식사, 생활편의 서비스 등이 제공되는 주택에 들어간다

자료: 한국데이터거래소, 통계청, 65세 이상 1만 72명 대상 2014~2017년 조사.

을 맞잡았다. 세이프리빙Safe Living 프로그램은 IBM이 가진 기술력을 활용해 노인층의 실제 거주지를 더욱 안전하게 만들고, 집에 있는 노인들을 대상으로 사회복지사들이 더욱 효율적으로 일하게 하는 것을 목표로 했다. 뇌운동과 신체운동, 비디오를 통한 텔레케어 환경을 만들고, 집안 곳곳에 센서를 부착해 기온, 습

도, 일산화탄소, 이산화탄소, 메탄 등을 원격으로 관리할 수 있게 했다. 그 결과 참여자들의 3분의 2는 그들의 삶의 질이 이전보다 향상됐다고 답했고, 볼차노 시의회는 노인 케어와 관련한 비용이 31%가량 줄어든 것으로 분석했다.

미국에서는 자기 집에 거주하는 시니어의 일상 일을 도와주는 '컨시어지(호텔에서 투숙객에게 필요한 정보와 서비스를 제공하는 일)' 비즈니스가 각광을 받고 있다. 2015년부터 시작한 아마존 홈 서비스는 가정 내 수리·보수, 가구조립, 청소, 전자제품 설치와 수리, 자동차 수리 등 다양한 서비스를 제공한다. 최근에는 피아노와 스페인어 레슨과 같은 수업과 스마트홈 설치, 수리 서비스도 추가됐다. 원하는 서비스가 온라인 목록에 없는 경우 고객센터에 직접 전화를 하면 지역 내 전문가를 연결해주기도 한다.

자신의 집에서 홀로 거주하는 시니어를 대상으로 한 스타트업들 역시 두각을 나타내고 있다. 2015년 출범한 엔보이는 집에 거주하는 시니어가 필요로 하는 서비스를 제공하는 비즈니스다. 시니어들이 원하는 식료품을 슈퍼마켓에서 사다 주는 서비스뿐만 아니라, 약국에 들러 약을 받아오는 것, 의사에게 데려다주는 일, 머리 손질을 위한 미용실 방문 등 시니어에 특화된 서비스를 제공하고 있다. 컴퓨터나 스마트폰과 같은 IT 기기뿐만 아니라 집에서 사용하는 일반 전화기, 또는 폴더폰으로도 서비스를 요청할 수 있다.

치매 환자들을 위한 시설이라도 '삶의 궤적을 유지'시킨다는 것이 비즈니스의 핵심 요체가 되고 있다. 스웨덴 가구 거인 이케아가 계획하고 있는 '실비아보 프로젝트'가 대표적이다. 이케아는 스웨덴 건설회사 스칸스카와 합작으로 세운 보클락과 기억상실에 시달리는 사람들을 위한 새로운 형태의 주택을 공급할 예정이다. 자신의 어머니가 알츠하이머로 고생했던 스웨덴 왕비 실비아는 재단을 통해 이 프로젝트에 거액을 기부했다.

〈매일경제〉와 서면 인터뷰에서 조나스 스펭겐베르그Jonas Span-genberg 보클락 최고경영자는 "실비아보 프로젝트의 설립 아이디어는 그들의 치매를 계속 앓더라도 환자 부부가 그들의 집에서 함께 살기를 지속할 수 있어야 한다는 것"이라며 "치매 병원이 아닌 모두가 집에서 살아야 한다는 것이 핵심"이라고 말했다.

실비아보 프로젝트는 스웨덴의 고령 인구들이 집에 대한 매우 높은 수요를 가지고 있다는 점을 읽어냈다. 특히 스웨덴은 2030년이 되면 80세 이상의 인구가 2015년에 비해 50%가량 상승할 것으로 예상되는데, 향후 10년간 이들의 주택에 대한 욕구가 클 것이란 점에 주목했다. 스펭겐베르그 CEO는 "실비아보 프로젝트는 일반적인 노인세대와 특히 치매를 가진 사람들이 가능한 한 자신들의 집에서 독립적으로 살 수 있도록 만들어졌다"고 말했다.

이케아와 보클락은 첫 시장인 스웨덴에서 실비아보를 출시하

이케아와 보클락이 추진 중인 실비아보 프로젝트 주택 모델

는 초기 단계에 있다. 회사는 토지 확보와 구역 설정 등의 문제를 지방자치단체와 협의하기 시작했다. 회사는 파일럿 프로젝트로 스톡홀름 바로 외곽에 6채의 아파트를 지었다. 실비아보 주택은 주민들이 세금과 생활비를 쓰고 남은 돈으로만 집값을 지불하는 '생계형Left to Live 지불 방식'으로 운영될 예정이다.

　스펭겐베르그 CEO는 "우리가 가격을 낮출 수 있는 가장 큰 이유는 완성된 품질의 주택이 현장 밖에서 제조되고 그 후에 조립을 위해 건설 현장으로 운반된다는 것"이라며 "스마트하고 산업화된 과정을 통해 주택이 만들어지고, 이를 통해 비용의 예측 가능성을 높이고, 낭비를 최소화할 수 있다"고 설명했다.

가족·자녀보다 더한
반려동물 사랑

　한국데이터거래소와 문화체육관광부에 따르면, 60대와 70대 이상 한국인이 지속해서 참여하는 여가 활동 및 취미 오락 활동으로 낚시와 쇼핑·외식, 그리고 애완동물 돌보기가 있다. 2016년에 비해 2018년 낚시를 즐기는 60대는 2.5%포인트, 70대 이상은 2.8%포인트가 늘어났다. 같은 기간 쇼핑·외식을 즐기는 60대와 70대도 각각 1.3%포인트와 1.0%포인트 늘어났고, 애완동물 돌보기를 택한 60대와 70대 이상은 각각 0.8%포인트와 2.1%포인트 늘어났다. 반면, 등산과 바둑·장기·체스를 비롯한 다른 활동을 즐기는 노년층은 점차 그 비중이 줄고 있다.

　노년층 사이에서 가족에 대한 담론의 비중은 줄어들고, 반려동물과 관련한 담론은 확대되고 있다. 빅데이터 국내 전문기업

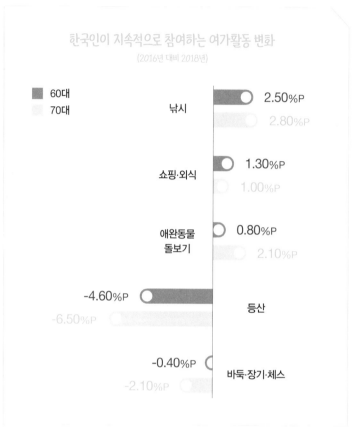

한국인이 지속적으로 참여하는 여가활동 변화
(2016년 대비 2018년)

■ 60대
□ 70대

낚시 2.50%P 2.80%P

쇼핑·외식 1.30%P 1.00%P

애완동물 돌보기 0.80%P 2.10%P

등산 -4.60%P -6.50%P

바둑·장기·체스 -0.40%P -2.10%P

자료: 한국데이터거래소, 문화체육관광부

타파크로스의 분석을 살펴봐도, 2016년 트위터, 인스타그램, 페이스북, 블로그, 카페, 커뮤니티 등에서 시니어들의 주변 관련 담론으로 친구는 53%, 가족이 40%, 반려동물이 7%였으나 그 비중은 3년 뒤인 2019년에 눈에 띄게 달라진다. 친구(45%)와 가족(29%)의 비중이 줄어들고, 대신 반려동물이 21%로 대폭 증가한 것이다. 여기에 '연인'이 5%로, 새로 언급되며 등장한 것도 주목할 만한 부분이다.

빅데이터를 좀 더 자세히 분석해보면, 자녀에 대한 언급에서 긍정적인 감정은 88%, 부정적인 감정이 12% 나타났지만, 반려동물에 대해선 긍정적인 감정이 92%로 자녀보다도 더 높게 나타났고, 부정적인 감정은 8%뿐이었다. 자녀에게는 1순위로 '고마운' 같은 단어가 등장하지만, 반려동물 1순위에는 '예쁜'이라는 단어가 가장 먼저 등장한다. 무엇보다도 주목할 만한 점은 빅데이터상에서 '도움'이라는 단어가 자녀와 관련된 긍정적인 단어에서는 7순위로 등장하지만, 반려견과 관련된 질문에서는 순위가 더 높은 3위로 나타나고 있다는 점이다.

반려동물이 정서적인 만족을 줄 뿐 아니라 신체 건강에도 도움이 된다는 평가가 나오면서 해외에서는 수명이 따로 없는 로봇 강아지를 키우는 사례도 속속 나타나고 있다. 소니의 로봇 애완견 아이보Aibo가 대표적이다. 국내에서도 인스타그램 등 SNS에서는 반려동물에 대한 시니어 계층의 애정을 드러내는데, "할머니께서 많이 연로하고 편찮으셔서 평소에 잠만 주무시려고 했는데, '빼로(강아지 이름)'를 돌보시면서는 잠도 마다하시고 계속 좋아하셨어요"와 글을 발견할 수 있다. 유기견 보호소를 직접 운영하는 70대 시니어들도 실생활에선 심심찮게 찾아볼 수 있다.

자료: 통계청, 성, 연령 및 세대구성별 인구

다만, 버려진 동물들이 안쓰러워 돌봐온 노부부의 건강상태가 악화하면, 강아지들이 방치되는 문제점이 있어 사설 유기견 보호소에 대해서도 정부가 지원해야 한다는 의견도 시민사회에서 최근 나오는 실정이다. 고령자층의 반려동물에 대한 의존도가 왜 과거보다 더 높게 나타나는 것일까? 달라진 가구 구성원의 비율에서 이유를 찾아볼 수 있다. 통계청에서 조사한 2018년 총인구조사에 따르면 만 65세부터 79세까지 욜드 세대 사이에선 부부끼리 사는 1세대 가구(40.79%)가 가장 많았다. 그다음으로 자녀와 함께 사는 2세대 가구(28.48%)가 뒤를 이었는데, 2세대 가구 중에서는 미혼 자녀와 사는 경우가 기혼 자녀와 사는 경우

보다 더 많았다. 그만큼 기혼 자녀와 같이 사는 경우는 드물다고 할 수 있다. 올드 세대에서 2세대 가구 다음으로 많은 비율을 차지하는 것은 1인 가구(18.51%)였다. 자녀에게 의존을 하고 싶지 않아서든, 자녀가 원치 않아서든, 과거와는 달리 노부부끼리 살거나 홀로 사는 경우가 상당하므로 대신 반려동물을 찾고 애정을 쏟는 현상이 나타난다고 볼 수 있다.

특히 만 75세 이상부터는 사별 때문이든 이혼 때문이든 배우자와 함께 사는 경우가 줄어들면서 다른 연령대보다 1인 가구 비율이 높아지는데, 이는 외로움에 더 많이 노출될 수 있는 부분이다. 2018년 기준, 올드 세대에 해당하는 만 65세부터 69세, 만 70세부터 만 74세의 1인 가구 비율은 각각 전체 가구의 16.19%와 18.42%였다. 다른 연령대보다는 높지만, 부모로부터 자립하면서 자취하는 비율이 늘고 있는 25~29살의 1인 가구 비율(19.27%)보다는 낮은

연령대별 1인 가구의 비율

연령대	가구 비율
20-24세	14.78%
25-29세	19.27%
30-34세	16.98%
35-39세	12.02%
40-44세	10.62%
45-49세	10.68%
50-54세	11.11%
55-59세	12.51%
60-64세	14.63%
65-69세	16.19%
70-74세	18.42%
75-79세	22.12%
80-84세	26.24%
85세 이상	27.70%

자료: 통계청, 성, 연령 및 세대구성별 인구

수준이다. 하지만 만 75세가 되면 1인 가구 비율은 22.12%로 껑충 뛰어오른다. 이렇게 독거노인(만 65세 이상 1인 가구) 전체 비율은 전국 전체 가구의 7.2%를 차지한다.

'시니어' 붙으면 안 팔리지만 '70세용' 킬러 상품은 팔리는 이유

"특정한 단어에 거부감을 느끼는 소비자가 있을 수 있음을 명심해야 합니다. 소비자가 '나는 그 단어에 속하지 않는다'는 느낌을 가지면 그 단어가 쓰인 제품 또한 받아들이지 않으려 하는 경향이 생깁니다. 특히 부정적인 어감이 조금이라도 들어가 있다면 그 가능성은 더 커지겠죠. 그래서 고령자를 대상으로 한 비즈니스를 쉽게 정의하기 어렵습니다. 오히려 소비자에게 맞는 제품임을 분명하게 드러낼 수 있는 객관적인 지표로 접근하는 편이 성공 가능성을 높일 수 있습니다."

하쿠호도 새로운 어른 연구소 소장 야스나미 마리야는 시니어 비즈니스를 진행하는 데 있어서 특정한 틀에 그들을 주입하려는 시도가 마케팅 실패 사례로 이어지는 경우가 많다고 지적

야스나미 마리야 하쿠호도 새로운 어른 연구소 소장

했다. 하쿠호도는 일본 최대 광고대행사 중 하나로 고령화 사회
에 대응하기 위한 기업들의 요구에 대응하기 위해 2000년 '엘더
비즈니스추진실' 설립을 계기로 시니어 비즈니스 연구를 진행
해왔다. 이후 2011년 '새로운 어른 연구소'로 확대 개편해 고령
층의 인식 변화를 추적해왔다. 특히 기존 중장년층에게 일반적
으로 통용되던 인식과 실제 상황의 차이를 증명하면서 시니어
비즈니스의 필요성을 주장해왔다.

고령자 수 증가에 따라 그들을 새로운 소비 주체로 만들기 위
해 기업들은 신조어를 양산하면서 새로운 비즈니스 영역 창출을
시도해왔다. 실버, 액티브 시니어 등 고령자들의 외모와 특성을
긍정적인 요소로 반영한 신조어는 해당 세대를 존중하는 의미로

만들어졌지만, 오히려 당사자들은 자신에게 맞지 않는 단어라며 거부감을 표하고 있는 것이 현실이다.

하쿠호도가 2017년 일본 40~60대 930명을 대상으로 '시니어라고 불리고 싶은가'라고 질문한 결과 60대 응답자 중 11.9%만이 '그렇다'고 대답했다. 10명 중 9명은 시니어라는 단어에 거부감을 보인 것이다. 또 '자신을 시니어라고 생각하는가'라는 질문에는 60대 응답자 중에서는 41.3%가 '그렇다'고 답했다. 10명 중 6명은 자신이 '시니어'로 불리는 데 부정적이라는 말이다. 이 수치는 2012년 56.1%, 2015년 46.2%로 지속적으로 감소하고 있어 시간이 흐를수록 시니어라고 불리는 것에 거부감을 느끼는 60대는 점점 늘어날 것으로 예상한다.

야스나미 소장은 "조사결과를 보면 60대뿐만 아니라 40~50대에서도 시니어라고 불리는 것에 부정적인 견해가 늘고 있다"라며 "60대에서 5년 만에 '자칭 시니어'가 15%포인트 감소한 것을 보면, 현재 40~50대가 고령자로 편입됐을 때 시니어를 부정하는 경우가 현재보다 많이 늘어날 것이라고 본다"고 설명했다.

다만 같은 조사에서 60대에 대한 새로운 비즈니스 가능성이 열릴 것이라는 기대도 엿볼 수 있었다. '자신이 속한 세대가 상품과 서비스를 솔선해서 소비해왔는가'라는 질문에 60대 응답자 중 64.8%가 '그렇다'고 답했다. 40대(61.0%)를 넘어서는 수치다. '자신이 속한 세대가 새로운 라이프 스타일을 만들어왔는가?'

라는 질문에는 60대 중 59.7%가 '그렇다'고 답해 이 역시 40대 (48.4%)보다 높게 나타났다. 자신들이 소비자로서 비즈니스 생태계를 이끌어왔다는 자부심이 가감없이 드러났다는 분석이다.

자신들이 지금까지의 중장년층과 다르다는 인식도 분명히 가지고 있었다. 같은 해 진행된 설문조사에서 '자신은 30년 전 60대와 다른가?'라는 질문에 89.7%가 '그렇다'고 답했다. 구체적으로는 나이대가 맞지 않는다(35.9%), 젊다고 느낀다(28.2%) 등을 이전 세대와 자신들은 다르다고 응답했다. '젊은 사람들에게 잔소리하지 않는다', '거만한 태도가 없다' 등 일명 '탈脫꼰대'도 각각 23.3%의 응답률이 나오면서 이전 세대와 차이를 보였다.

주목해야 할 점은 스스로 새로운 것에 민감하다고 생각하는 비율이 22.5%로 높다는 점이다. 지금까지 기업들은 고령자들이 줄곧 사용해온 익숙한 제품에만 관심을 둔다는 편견을 가지고 접근해왔다. 시장을 주도하는 세력은 20~30대 젊은 세대라며 젊은 감각에 맞춘 제품만을 강조해왔다. 그러나 이들 역시 소비자의 하나로 항상 새로운 것을 추구하는 경향이 있다는 사실이 증명됐다. '고령자는 인생에서 내리막길만 남은 사람'이라는 인식에서 탈피해 적극적으로 마케팅을 해야 할 이유가 생긴 것이다.

야스나미 소장은 "시니어라고 불리는 것에 거부감을 느끼는 사람이 많다는 것이 증명되고 있다"며 "60대는 물론 70대, 80대에 물어도 시니어가 누구냐는 질문에는 '자신보다 10살이 많은 사람'이라는 답이 돌아온다"고 말했다.

소비자의 인식 변화에 대응하기 위해 기업은 어떤 전략을 펴야 할까. 하쿠호도는 수치에 집중할 것을 제안했다. 모호한 표현보다 숫자로 표현할 경우, 연령대에 맞는 '킬러Killer 제품'을 만들수 있다는 의미다. 야스나미 소장은 "수에는 감정이 반영되기 어렵다"며 "오히려 나이로 접근하면 부정하기 어렵기 때문에 해당 범위에 들어가는 사람들은 솔직하게 자기에게 맞는 제품이라는 인식을 하게 된다"고 설명했다.

다만 지역별로 시니어에 대한 인식의 차이가 있으므로 맞춤형 전략이 필요하다고 지적한다. 일본에서 성공한 사례라고 해도 한국에 그대로 적용했을 경우, 다른 변수로 때문에 실패할 가능성이 있다는 것이다. 야스나미 소장은 "일본에서는 시니어가 부정적으로 읽히지만 아닌 국가도 있다"며 "여러 국가에서 60대를 새로운 단어로 통칭하려는 움직임은 있지만 쉽게 성공하기 어렵다는 점에서 예민하게 접근할 필요가 있다"고 강조했다.

모든 지역에서 공통된 전략이 적용되기 어렵다는 점에서 시니어를 대상으로 한 비즈니스의 난점을 읽을 수 있다. 그러나 지속적인 연구를 통해 비즈니스를 하고자 하는 지역의 문화와 소비자의 감성을 이해하는 것이 우선돼야 한다는 것이 하쿠호도의 분석이다. 야스나미 소장은 대체로 젊은 세대에서 고령자를 떠올렸을 때 허리를 굽히고 지팡이를 쥔 노인을 생각하는 경우가 많지만

이는 굉장히 시대에 뒤떨어진 관념이라면서 젊은 세대 이상으로 자존심이 높고 자기 존엄을 소중하게 생각하는 사람이 많기 때문에 단순히 돈벌이로 접근하는 것은 위험하다고 지적했다.

'검은색 세단' 보다
'콤팩트한 SUV'

젊은 인구의 감소와 이들 계층의 취업난, 공유차 환경 조성 등으로 자동차 판매 지형이 바뀌고 있다. 2015년 이후 그동안 자동차 구매 시장을 주도했던 20~40대를 대신해서 60~70대가 새로운 소비 계층으로 부상했다. 경제력을 바탕으로 자동차 소비를 주도하는 욜드의 등장으로 'SUV(스포츠유틸리티차량)'가 '검은색 세단'이 차지해왔던 시장을 빠르게 장악하고 있다. 글로벌 완성차 업체들 역시 '신세대 어른New Adult'의 니즈를 파악하기 위해 분주한 모습이다.

한국자동차산업협회에 따르면 2015년부터 5년간 국내 승용차 신규등록은 3만 5,019대(-2.3%) 줄었다. 한 해 30만 대 이상 자동차를 구매하던 30대의 신규등록 건수가 2019년에는 23만

2015~2019년 승용차 소유자 나이별 신규등록 현황

구분	20대	30대	40대	50대	60대	70대 이상	기타	계
2019년	105,631	237,772	282,356	292,784	131,176	33,710	413,606	1,497,035
2018년	114,654	265,296	296,559	285,852	119,785	34,705	408,299	1,525,150
2017년	119,705	277,485	311,942	287,181	116,482	34,042	379,825	1,526,662
2016년	125,054	306,231	322,473	277,290	102,172	29,402	371,198	1,533,820
2015년	120,556	316,287	330,377	274,680	102,464	31,064	356,626	1,532,054
최근 5년 증감율	-12.4%	-24.8%	-14.5%	6.6%	28.0%	8.5%	16.0%	-2.3%

단위: 대, 자료: 한국자동차산업협회

대 수준으로 쪼그라들면서 같은 기간 24.8%가 급감했고, 40대
(-14.5%)와 20대(-12.4%) 역시 두 자릿수 이상의 하락률을 보였
다. 주 고객이던 20대~40대 소비자들이 지갑을 굳게 닫으면서,
수요 확대를 노리던 완성차 업체의 발목을 잡았다.

반면 같은 기간 자동차 시장에서 욜드는 새로운 고객층으로
급부상했다. 2015년부터 5년 동안 60대의 승용차 신규등록 건
수는 28% 증가했고, 70대 이상 역시 같은 기간 8.5% 순증했다.
예비 '욜드'인 50대는 2019년 총 29만 2,784대를 신규 등록해
기존 1위였던 40대를 앞질렀다. 20~40대와 50대 이상 사이에
자동차 구매심리의 온도 차가 확연히 드러나는 지점이다.

글로벌 주요 완성차 업체들은 베이비붐 세대로 대표되는 욜

드의 시장 확장을 일찌감치 예견하고 있었다. 일본 도요타의 렉서스는 NX시리즈를 내놓으면서 베이비부머 세대를 겨냥해 명확한 소비층 분석을 통해 제품을 개발해 왔다. 특히 미국 내 베이비붐 세대가 이들의 타깃이었다. 미국 베이비붐 세대는 7,600만 명에 달하고, 이들이 가진 미국 내 금융자산 비중은 77%에 이를 정도로 막강한 구매력을 자랑한다. 공격적인 디자인과 함께 강력한 가속력, 균형감 있는 핸들링 등은 액티브한 시니어를 위한 장치였다. 렉서스 측은 "미국 베이비붐 세대는 자신을 위해 돈을 쓰고 싶어 하고 최신 제품에 관심이 많다"며 "스스로 나이 들었다고 느끼게 하는 제품과 서비스를 싫어하기 때문에 콤팩트 SUV가 성공적으로 안착할 수 있었다"라고 설명했다.

실제 글로벌 주요 연구 기관 역시, 자동차와 관련한 신세대 어른들의 니즈를 읽어내고 있다. 핀란드 '미래산업 연구의 심장'인 핀란드이노베이션펀드(SITRA·시트라)는 〈매일경제〉와 인터뷰에서 이제는 차가 단순히 커지는 데 주목해서는 안 된다는 지적을 내놨다.

안티 키벨라Antti Kivela 시트라 혁신 역량 부문Capacity for Renewal 이사는 "은퇴한 노인세대가 그들의 돈과 시간을 가지고 공간 이동에 지출하는 비용을 늘리면서 거대한 비즈니스 가능성이 펼쳐지고 있다"라며 "이들 세대가 단지 큰 차만을 원한다는 고정관념에서 벗어나 이제는 이들이 타고 내리기 편하도록 SUV 차량이 높아

핀란드 미래산업 연구의 심장 역할을 맡은 시트라 본사에서 안티 키벨라 혁신 역량부문 이사가 욜드의 등장으로 인한 거대한 비즈니스 가능성에 관해 설명하고 있다.

지고 있다는 게 주요한 트렌드 변화"라고 설명했다. 실제 베이비 부머 세대들이 차량 구매에 적극적으로 나서면서 미국에서는 이들을 위한 '소형 SUV' 시장이 확대되고 있다. 특히 최근 들어 급성장한 차종은 서브컴팩트 SUV다. 세단 대신 SUV의 인기가 높아졌지만 가격부담 때문에 추가 차량 구입을 주저하는 이들을 겨냥한 제품이다. 10여 년 전까지만 해도 거의 찾아보기 힘든 모델이었지만, 지금은 이 카테고리에 포함되는 시판모델만 16개가 됐다.

가족들을 줄줄이 태우고 다닐 필요가 없어진 은퇴자들이 살림을 다운사이징 하게 된 것 역시 서브 콤팩트 SUV가 인기를 끈 배경이다. 미국 시장에 밝은 한 자동차 업계 관계자는 "높은 좌석은 타고 내리기도 쉽고, 더 안전하게 느껴지며 운전 시야도 좋다. 이런 요인들이 합쳐져 2010년 3만 4,000대였던 서브 콤팩트 SUV의 판매량은 2018년 70만 대를 넘어서게 됐다"라고 설명했다.

한국의 올드 세대 또한 SUV를 선호한다. 현대·기아자동차에 따르면 60대 이상 개인 고객이 구매한 전체 차종 중 일반 승용차가 차지하는 비율은 2014년 74.9%에서 2019년 54.2%로 떨어졌다. 특히 같은 기간 중형 이상 승용차의 비중이 52.3%에서 38.8%로 낮아지면서 하락세를 주도했다. 반면 SUV는 2014년 25.1%에서 2019년 45.8%로 늘었는데, 중형 미만 SUV의 비중이 7.7%에서 19.1%로 껑충 뛰었다. 성공한 노년층의 상징인 '검은색 세단'을 SUV가 빠르게 추격하고 있는 셈이다.

3장

미리 가본
욜드 월드
· 국가 ·

욜드 케어로
인력 일자리 잡은 케어팜
- 네덜란드

네덜란드의 수도 암스테르담에서 2시간가량 떨어진 암트델
덴Ambt Delden. 목초지 사이로 드문드문 농장 건물을 갖춘 주거지가
눈에 들어온다. 공공도로에서 200미터 떨어진 케어팜 '클레인
엑스터케이트Klein Exterkate'는 2층짜리 건물 1채와 당나귀, 소 등을
기르는 축사 2채, 각종 작물을 기르는 마당을 갖추고 있다. 농장
입구에 들어서는 순간 '품질인증 케어팜Quality guarantee for care farms'이
라는 문구가 시선을 사로잡았다.

노인 전용 케어팜인 이곳에는 50대부터 91세 최고령 할머니
까지 매일 18명의 노인이 일하고 있다. 1월 중순의 한겨울 날씨
가 농장을 휘감았지만, 따뜻한 실내에 모인 10여 명의 노인은 함
께 점심으로 먹을 애플파이를 만드느라 분주했다. 바깥 축사에

서는 양들에게 먹일 건초를 정돈하고, 농장의 소일거리를 돕는 노인들의 모습이 눈에 띄었다.

옹기종기 모여 떠드는 모습은 우리네 노인정과 분위기가 크게 다르지 않았다. 이들은 오전 10시쯤 농장으로 출근해서 오후 4시께 일과를 마치고 집으로 돌아간다. 가축에게 먹이를 주거나 산책을 시키고, 건물에 페인트칠하거나 점심 식사준비를 거드는 등 농장의 소일거리가 일과인 셈. 그 누구도 활동을 강제하지는 않는다. 신문을 읽거나 낮잠을 청하고, 담배를 태우는 일도 모두 개인의 자유다.

남편과 사별한 뒤 2년 전 이곳을 찾았다는 최고령 할머니 리에 부스셔Rie Busschers(91) 씨는 일주일에 두 번 이곳을 방문한다. 그녀가 가장 좋아하는 일은 농장에 있는 동물들을 데리고 산책을 나가는 것이다. 리에 부스셔 씨는 "나는 자연과 함께 있는 일이 좋다. 여기에 있는 사람도, 활동도 매우 만족스럽다"며 "집에는 남편도, 자식들도 없는데 여기서 친구도 만나고, 소일거리를 하면서 외로움을 잊게 됐다"고 말했다.

3년간 자원봉사를 하다가 2018년부터 이곳에서 어시스턴트로 활동 중인 이네케 반 씨는 "일부 노인들은 집에 가족이 없거나 무슨 일을 할지 몰라 하릴없이 종일 의자에 앉아 있는 때도 있다"며 "어르신들은 우리 농장에서 소와 당나귀, 닭, 양, 강아지들을 돌보기도 하고, 때로는 감자를 깎거나 채소를 손질하면서

네덜란드 케어팜 Klein Exterkate의 노인들이 함께 모여 점심으로 먹을 애플파이를 만들고 있다.

함께 식사준비를 한다. 우리는 이들을 활동적으로 만드는 데 주력하고 있다"고 설명했다.

네덜란드에는 농장에서 노인과 장애인 등 사회적 약자를 보호하는 케어팜 시스템이 1,250여 개에 달한다. 1998년 75개 정도였던 케어팜은 농가와 노인의 상생 모델로 급부상하면서 2000년대 이후 1,000개가 넘는 시설이 생겼다. 건물에 단체로 수용하다시피 하고, 급식을 받아먹는 딱딱한 분위기의 요양시설보다 케어팜을 선택하는 노인들이 급속도로 늘어난 결과다.

네덜란드 현지 바흐닝언대학교 사회과학대에서 보건학을 전공하고 바흐닝언 케어팜연구소를 운영하고 있는 조예원 대표는

"아침에 동물에게 먹이를 주고, 산책이 필요한 동물들을 산책시키는 일은 별것 아닌 일처럼 느껴지지만, 노인들에게는 '나는 할 일이 있는 사람'이라는 강한 자존감을 느끼게 해준다"며 "요양원과 농장에 있는 두 노인 그룹의 연구결과, 농장에서 일하는 노인 그룹이 정신적으로 본인과 가족들의 만족도가 훨씬 큰 것으로 조사됐다"고 설명했다.

케어팜은 소규모 가족농 중심인 주요 네덜란드 농장에도 새로운 비즈니스를 창출하는 계기가 됐다. 그동안 토지 용도가 농지로 지정된 곳들은 농부가 농장을 그만두고 해당 용지를 팔려고 해도 매매가 이뤄지지 않아 팔 수도 없는 구조였다. 하지만 폐업 위기의 농장들이 잇따라 케어팜으로 전환하면서 선택지가 늘어났다. 케어팜으로 전환해 농장을 팔 수도 있고, 농업에 뜻이 없는 사람들도 케어팜을 인수해 다른 일을 할 수 있는 옵션이 생긴 셈이다.

네덜란드 케어팜을 통해 간호사와 요양보호사 등도 은퇴 이후 직업 선택이 기회가 많아졌다. 노인 대상 액티비티 전문가들도 새로운 기회를 찾았다. 〈매일경제〉가 찾은 케어팜 클레인 엑스터케이트Klein Exterkate 역시 같은 경우다. 2002년 창업한 이 농장은 농장주 집안이 1400년대부터 땅을 가지고 가업을 이어왔다. 농장주가 나이 들면서 농장이 존폐의 기로에 몰려 있던 상태에서 젊은 시절 요양원에서 일한 경험이 있던 부인이 아이디어를 냈다. 당시 전문 잡지에 소개된 기사를 통해 접한 케어팜 시스템을 농장에 적용해 그후로 약 20년간 운영해오고 있다.

노인 복지와 농촌 문제 해결 묘안으로 떠오른 케어팜

케어팜은 네덜란드에서 노인 복지와 농촌 문제를 동시는 푸는 묘수가 되고 있다. 복지의 선진화로 볼 수도 있지만, 농업 선진국인 네덜란드에서 급속히 나타나고 있는 농업 대형화와 스마트팜 추세 등에 밀린 소규모 농장들이 정부 지원을 받아 속속 변신했기 때문이기도 하다.

재정지원은 지방자치단체를 통해 이뤄진다. 의료 전문인이 있는 공공기관에서 '일주일에 몇 번 방문하는 게 좋겠다'는 처방을 받아 이용자는 자신이 원하는 농장에 등록한다. 농장에서는 지자체에 청구서를 보내 이용자에 대한 재정지원을 받는다. 100% 복지재원이 활용되지만, 재산이 많은 이용자에 대해서는 별도로 과세가 되는 구조다. 복지시설로서 농장을 이용하는 것이기 때문에 이용자는 노동에 대한 압박을 받을 필요가 없다. 오히려 농장이 제대로 된 서비스를 제공하지 않으면 이용자의 이탈을 감수해야 하는 상황에 놓인다.

사회적 약자들의 노동력 활용에 대한 부정적 인식이 큰 한국과 마찬가지로 네덜란드 역시 시행 과정에서 많은 어려움을 겪었다. 사람을 내버려 두고 정부 지원금만 받아가는 일들이 발생했기 때문이다. 1999년 네덜란드 농업부와 보건복지스포츠부가 지원해 만든 국가 지원센터는 케어팜의 품질을 보완·유지하기 위해 노력했다. 이 단체는 정부에서 인건비를 지원하는 조직으로 3년간 한시적으로 운영될 계획이었지만, 지난 2009년까지 10년간 활동이 이어졌다.

품질 인증마크 시스템은 대표적인 성과다. 시설물 안전과 직원들의 수준, 프로그램 등에 대한 계획을 농장이 개별적으로 제출하고, 1년간 운영 결과를 평가한다. 합격하면 품질 인증마크를 받게 되는데, 이는 3년간 유효하다. 이용자들은 품질인증을 받은 케어팜을 더 선호하기 때문에 품질인증을 희망하는 기관들이 줄을 서는 상황이다. 개별 케어팜들이 자발적으로 만족도 평가를 하거나 다양한 활동 등을 적극적으로 유치하려는 것 역시 이런 배경에서다.

특히 지원센터는 농업인과 복지 서비스, 사회적 인식 재고의 구심점이 됐다. 케어팜에는 관심이 있지만, '돌봄 서비스'에는 무지했던 농업인들을 위해 지원센터가 거들었다. 농업인들에게 문의가 오면 정보를 제공해주고, 필요할 경우 지역 내 네트워크를 통해 교육을 제공했다. 언론홍보 등을 통해 케어팜에 대한 좋은 이미지를 개선하는 것 역시 그들의 몫이었다. 2009년 베아트

2009년 네덜란드 베아트릭스 여왕이 한 케어팜에 방문해 시설을 둘러보고 있다.

릭스 네덜란드 여왕이 한 케어팜에 방문한 일이 대표적인 예다. 현재는 민간 차원에서 조직된 '케어팜 연합'이 지원센터를 대신하고 있다.

조 대표는 "처음에는 케어팜에 관심 있는 농업인들이 많았지만 농부가 돌봄 서비스를 제공하려 한다면 아는 게 하나도 없는 상황에 놓이는 경우가 다반사였다"며 "지원센터의 노력과 함께 네덜란드 여왕의 케어팜 방문, 연이어 유력 정치인들이 방문하는 과정에서 케어팜에 대한 이미지가 개선되었다"고 말했다.

국내에서는 농촌진흥청에서 주관하는 치유농업과 농림축산식품부의 사회적 농업 등의 이름으로 네덜란드의 케어팜 시스템을 벤치마크 하려는 시도가 이뤄지고 있지만, 아직은 초기 단계다. 치유농업은 일반인들의 '농촌 힐링'을 주목적으로 하며, 사회적 농업 역시 돌봄 서비스보다는 농가 소득 증가에 집중하고 있다는 평가가 나온다. 네덜란드에서는 케어팜을 노인 일자리를 제공하는 기관으로 보지 않고, '노인들이 즐기러 가는 곳, 자원봉사하는 곳'이라는 개념이 강하지만, 국내에서는 농·축산물 생산에 연결고리 역할을 강조하고 있다는 점도 차이점이다.

민승규 한경대학교 석좌교수(전 농림수산식품부 차관·농업진흥청장)는 "장기 휴가나 출장을 떠나는 도시인들을 위해 노인들이 무료로 반려식물이나 반려동물을 맡아 길러주는 서비스 등으로 네덜란드 케어팜이 진화하고 있다"며 "(국내 역시)시설 자체의 퀄리티는 좋지 않더라도, 다양한 아이디어를 통해 서비스 모델을 개발해 나갈 필요가 있다"고 조언했다.

조선업으로 망했던 도시,
제론테크로 부활

- 덴마크

    욜드를 위한 기술 혁신은 도시의 산업 생태계를 뒤흔들고 있다. 덴마크의 수도 코펜하겐에서 2시간 거리에 있는 오덴세는 AT Assisted Technology 또는 제론테크놀로지(노인학+테크) 등으로 불리는 헬스케어 혁신의 장소로 꼽힌다.

    덴마크 3대 도시로 북유럽 전설에 나오는 '오딘의 성소'라는 뜻을 가진 오덴세는 중세까지 가장 번성했던 도시 가운데 하나였으며, 동화작가 안데르센이 태어나 자란 곳이다. 중세 바이킹의 본고장이었던 이곳이 최근 기술의 중심지로 부상하고 있다. 드론, 로봇 등 새로운 강소 기술업체들이 모여들고 전 세계에서 새로운 흐름을 읽고 비즈니스 기회를 찾기 위해 연구자, 투자자, 테크니션들이 찾는 곳으로 변모한 것이다.

덴마크 오덴세 시청에서 피터 주엘 오덴세 시장이 〈매일경제〉와 만나 오덴세시의 제론 테크 발전 역사를 설명하고 있다.

오덴세에는 2012년까지 덴마크 최대 조선소였던 머스크 조선소가 있었다. 1904년 설립된 세계 1위 해운사인 머스크Maersk는 자체적으로 사용할 선박을 만들기 위해 1919년 이곳에 조선소를 세웠다. 1991년 세계 최초로 30만DWT(화물을 적재할 수 있는 t수) 컨테이너선을 건조한 곳도 바로 이곳이었다.

오덴세는 최근 10년간 급격한 산업 지형의 변화를 겪었다. 오덴세가 변화를 시작한 것은 2009년, 머스크가 오덴세 조선소 폐쇄를 결정하면서부터다. 머스크사가 대형 선박 제조를 중단하자 오덴세의 재정 악화 우려가 커졌다. 2008년 1,272억 7,400만 크로네(약 22조 4,130억 원)이었던 이 도시의 국내총생산GDP은 2009년 1,230억 1,400만 크로네로 3.3% 감소했고, 2008년 3,630명이었던 실업자 수는 1년 새 6,082명으로 급증했다.

피터 주엘Peter Juel 오덴세 시장은 "2009년 머스크사가 조선소 폐쇄를 발표하면서 도시는 급격한 변화에 직면했다. 일자리의 급격한 감소 등을 겪으면서 도시 재생을 위한 새로운 전략의 필요성이 대두되었고, 로보틱스를 중심으로 한 헬스케어 산업에 눈을 돌리기 시작한 게 바로 그때"라고 말했다.

덴마크와 오덴세시가 로봇산업에 집중하게 된 것 역시 인구 고령화와 관계가 깊다. 고령화로 인한 노동 생산성 감소와 과다한 복지 지출 증가로 새로운 국가 발전 전략을 수립해야 한다는 필요가 커졌기 때문이다. 아울러 높은 인건비 절감을 위해 로봇 개발 필요성에 대한 사회적 공감대가 형성되면서 로봇은 오덴세시의 주력 산업으로 떠올랐다. 오덴세시는 조선업을 토대로 쌓아온 기술력을 로봇산업으로 연결시켰다. 컨테이너 제작 효율성을 높이기 위한 용접 로봇과 로봇 소프트웨어 개발 등에 기술력을 갖추고 있었기 때문이다. 주엘 오덴세 시장은 "1980~1990년대부터 덴마크 조선업은 한국과 일본 등 아시아권 국가들과 경쟁하면서 로봇을 산업 현장에 적극적으로 배치하려는 노력을 기울여왔다. 과거 조선소 폐쇄 당시 상황과 비교하면, 로봇산업은 최근 10년 새 4,000여 명의 일자리를 창출하며 굉장히 빠른 성장세를 보인다"고 설명했다.

대학과 기업, 시 정부의 다층 협력은 로보틱스를 중심으로 한 제론테크놀로지 발전의 초석이 됐다. 머스크사는 적극적인 R&D 투자를 통해 로봇산업을 지원했다. 머스크사는 덴마크 정부와 오덴세 시와 합작해 SDU_{Southern Denmark University}에 1,200만 달러(약 142억 원)를 투자했다. SDU는 로봇 연구의 중심지인 머스크맥키니몰러연구소_{The Maersk Mc-Kinney Moller Institute, MMMI}를 세우고, 전 세계에서 유수한 연구진과 교수진을 영입했다.

'기업의 투자→대학의 성장→연구 결과가 기업에 기여'라는 선순환 고리는 로봇 산업의 지식 센터로 평가되는 SDU의 자산이다. SDU의 교수진들은 논문 실적뿐만 아니라 특허와 투자 유치 등이 모두 평가대상이다. 교수와 석·박사 과정의 학생, 학부생까지 아이디어를 상용화해 창업하는 분위기가 일반적이다. 세계 1위 협동 로봇(코봇) 업체인 유니버설로봇도 바로 이곳에서 탄생했다.

오덴세시는 오덴세 로보틱스라는 로봇 지원 조직을 만들고 시 예산을 투입했다. 오덴세시는 기업들에게 값싼 주거를 제공하고, SDU는 우수한 연구자와 학생들을 배출함으로써 기업에 연료를 제공했다. 주엘 오덴세 시장은 "덴마크의 로봇산업에는 마이크로소프트 같은 독보적인 선두주자가 없다. 바꿔 말하자면 모두가 비슷한 이해도를 가지고 함께 협력해 연구 기관과 기업, 정부가 마치 하나의 거대한 회사인 것처럼 서로를 키워주는 관계를 형성하고 있다"고 말했다.

오덴세 경제 체질 바꾼 로봇 클러스터

오덴세 로보틱스에 따르면 로봇 클러스터의 기업 수는 2015년 85개에서 2018년 연말 129개로 급증했다. 이들 업체 중 103개사(80%)가 오덴세 지역에 본사를 두고 있다. 클러스터에서는 스타트업을 중심으로 한 창업 열기가 뜨겁다. 오덴세 지역에서 창업한 기업 수는 1990~1999년 12개사에 불과했지만, 2010년~2019년 창업한 기업은 64개사에 달한다.

실제 오덴세 로봇 클러스터에서 만들어진 로봇은 유럽 각지의 병원과 요양원 등에서 사용되고 있다. UVD로봇 (살균 로봇)과 빔로봇(의사소통 로봇)은 상용화돼 유럽 전역의 병원과 요양원을 누비고 있으며, 환자 이송용 로봇, 근력 트레이닝 로봇 등도 출시 준비 중이다.

클러스터 내 기업 매출은 2015년 5억 7,600만 유로(7,565억 원)에서, 2017년 7억 6,300만 유로(1조 20억 원)로 증가했다. 오덴세 로보틱스는 2021년 기업 매출이 2017년 대비 20% 이상 증가할 것으로 기대하고 있다. 2015년 2,200명가량이었던 근로자 수는 2018년 3,600명으로 늘어난 데 이어 2020년에는 4,900명에 육박할 것으로 전망된다.

로봇산업과 헬스테크로의 전환은 오덴세시의 경제 체질을 바꾸는 데 큰 역할을 했다. 오덴세 지역의 GDP는 2018년 1,492

오덴세 로봇 클러스터 현황

구분	2015년	2016년	2017년	2018년
기업수(개)	85	100	120	129
근로자수(명)	2,200	2,600	3,200	3,600
매출액(백만 유로)	576	683	763	-
수출액(백만 유로)	348	415	509	-

자료: 오덴세로보틱스, 하이픈은 미집계

억 2,000만 크로네(약 26조 3,896억 원)로 2009년 대비 21.3% 증가했다. 2009년 8만 9,028명이었던 취업자 수도 2018년 9만 6,985명으로 8.9%나 늘었다. 조선소 폐업 직후인 2009년 6,082명으로 늘었던 실업자 수는 2011년 7,174명까지 치솟았지만, 2018년 4,356명으로 줄어들었다. 실업률 역시 2008년 3.7%에서 2012년 8%까지 치솟았다가 2018년 4.6%로 회복했다. 최근 5년 새 덴마크 6개 지역 중 오덴세가 실업률 감소폭(2.4%포인트)이 가장 크다.

제론 테크 등 헬스케어 혁신으로 오덴세시 근로자들의 은퇴 나이는 늦춰지고 있다. 로봇이 사람의 일자리, 특히 은퇴를 앞둔 노인들의 일자리를 빼앗을 수도 있다는 통념을 깨부순 것이다. 2013년 오덴세시의 60~69세 은퇴자는 1만 2,582명으로 전체 은퇴자의 30.6%를 차지했다. 하지만 2019년 60~69세 은퇴자

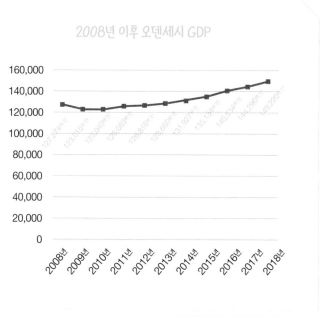

단위: 백만 덴마크 크로네, 자료: 덴마크정부통계

는 1만 1,543명으로 전체 은퇴자에서 차지하는 비중이 26.3%로 2013년 대비 4.3%포인트 하락했다. 로봇 클러스터 등 혁신 기술의 발전에도 불구하고 더 오래 일하는 노동자들의 숫자가 늘었다는 이야기다.

주엘 오덴세 시장은 "기초교육에 로보틱스 과정을 도입해, 10년 후에는 희망 학도가 정상급의 뚜렷하고 높은 이해도를 갖도록 환경을 갖출 계획"이라며 "장기적인 목표는 최대가 아닌 최고이며, 세계화에 주력하고 있다"고 말했다.

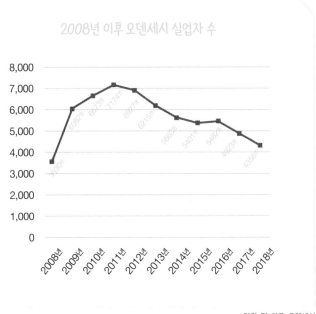

2008년 이후 오덴세시 실업자 수

단위: 명, 자료: 오덴세시

오덴세시는 새로운 시니어의 등장에도 주목하고 있다. 주엘 오덴세 시장은 "아버지 세대까지도 스마트폰 등 현대 기술의 기능에 적응하는 것을 볼 수 있다. 현시점에서는 시니어 세대로 분류되는 인구가 우리 세대에 비해 많다. 이들을 케어하는 동시에 생산성과 효율을 놓치지 않는 것이 숙제"라고 평가했다.

IoT로 시공간 제약 뛰어넘은 욜드 홈케어

- 핀란드

    핀란드 헬싱키 중앙역에서 트램(노면전차)으로 15분여를 이동하자 한적한 주택가에 회색빛 건물이 눈에 들어왔다. 이곳 6층에는 헬싱키시가 운영하는 서비스센터헬싱키Service Centre Helsinki가 있다. 건물 외관은 크게 두드러지지 않았지만, 이곳에서 제공하는 사물인터넷IoT과 로봇, 첨단 정보통신IT 기술을 활용한 홈케어 시스템은 노인들을 위한 돌봄 서비스의 글로벌 혁신 사례로 꼽힌다.

    "다들 30분 있다가 물 드시는 것 잊지 마세요." 한 사회복지사가 30분가량 수다를 떨다가 대화를 마무리한다. 이날 대화에 참여한 노인 6명은 헬싱키 곳곳에 흩어져 살지만 태블릿 PC를 통해서 하나가 됐다. 일과를 나누고, 농담이나 하는 가벼운 수준의

IoT 기반 홈케어 모델. 거실 가운데 비상상황을 알려줄 수 있는 조명등이 설치돼 있고, 침대 옆에 약물 분배 로봇과 원격 상담이 가능한 태블릿 PC 등이 놓여 있다.

대화이지만 홀로 사는 노인이 대부분이라 이들에게는 이 시간이 매우 소중하다. 탈수 증상이 노인들에게는 매우 위험한 일이 될 수도 있다는 것을 고려하면 수다스러운 사회복지사가 건넨 마지막 조언도 그들에게는 충분한 도움이 된다.

서비스센터의 원격 의료실에서는 좀 더 면밀한 조언이 이루어진다. 모니터 앞에 앉은 간호사는 화상으로 연결된 노인에게 처방된 약은 잘 먹고 있는지, 잠은 잘 자는지, 식사는 제때 하는지 등을 질문했다. 노인이 '요즘 무릎이 영 시원치 않다'는 하소연을 내놓자 간호사는 자리에서 일어나 천천히 걸어볼 것을 주문했다. 이곳에서 상주하는 간호사는 약 50여 명. 화상으로 환자

상태를 콕 집어내야 하므로 실전 경험이 풍부한 간호사들이 주축을 이룬다.

　노인들의 집에 설치된 IT 기기는 서비스센터가 제공하는 혁신 서비스를 완성한다. 설치된 알약 분배 로봇은 복용 시기가 됐을 때 알람을 울리며 알맞은 조합으로 약물을 내어준다. 헬싱키의 간호사가 가정을 방문하는 가장 큰 이유는 노인이 제대로 약을 먹고 있는지 확인하는 것인데, 이 로봇을 통해 간호사들의 가정 방문이 한 달 30회에서 4회로 줄어들었다.

　거실에 설치된 전등은 센서로 노인의 상태를 파악하고, 낙상을 입는 등 비상상황이 발생하면 자동으로 색채가 바뀐다. 붉은 불빛이 들어오면 노인에게 문제가 생겼다는 신호다. 주변 이웃들이 집 밖으로 새어나온 불빛을 보고 노인을 도와줄 수도 있고, 태블릿 PC를 통해 간호사가 비상상황을 확인할 수도 있다. 치매를 앓고 있는 일부 노인의 집에는 현관에 센서를 달아두는데, 외출 시에 치료 팀에 경보를 보낸다.

　GPS 장치가 있는 손목 밴드와 통화가 가능한 손목시계 역시 응급상황에서 빛을 발한다. 치매 환자가 한밤중에 외출하거나 집에서 너무 멀어지면 즉시 간병인이 파견된다. 집 밖에서도 문제가 생겼을 때 이 장비를 통해 노인은 즉각적인 도움을 받을 수 있다. 미카엘 누보넨 서비스센터헬싱키 개발 서비스 부문 이사는 "낙상을 하거나 길을 잃으면 우리 고객들은 손목시계 버튼을

눌러 도움을 요청한다. 낙상한 노인들을 급히 병원으로 후송하는 사례는 거의 매일 일어나고 있다"고 설명했다.

핀란드의 사회 복지는 '나이와는 상관없이 가정이 가장 좋다'는 원칙에서 출발한다. 간호사와 간병인이 식사와 목욕, 약물치료 등을 확인하기 위해 하루에도 수차례 가정을 방문해야 했다. 하지만 더는 이런 서비스를 지속하기 어렵다는 생각이 서비스 혁신의 출발점이 됐다. 선진국 가운데 고령화 속도가 핀란드보다 빠른 곳은 한국과 일본 두 곳뿐이다. 2000년까지만 해도 85세 이상의 초고령 인구는 핀란드 전체 인구의 1.5%에 불과했지만, 오늘날에는 2.7%로 급증했다. 2070년에는 초고령 인구가 무려 9%에 육박할 것으로 전망된다.

헬싱키시가 서비스 혁신 모델을 먼저 꺼내 들고 나섰다. 2009년 헬싱키 시는 학교 무료 급식 등의 사업을 진행하던 시 산하 서비스센터에 '텔레폰과 웰빙 서비스Telephone and wellbeing Service' 부문을 신설해 노인들을 대상으로 하는 홈케어 시스템을 구축했다. 헬싱키시 부시장이 서비스센터의 최고경영자CEO를 맡았다. 2015년부터는 태블릿 PC를 이용한 원격 관리 서비스인 '텔레케어 서비스Telecare Service'를 선보였는데, 시작할 당시 40명이었던 서비스 고객이 최근에는 930명(누적 고객 기준 2,856명)까지 늘었다.

텔레케어 서비스가 가진 경제성 덕분에 3년 만에 수요가 폭발적으로 늘어났다. 간호사나 간병인이 가정방문 시 지불해야 하

서비스센터헬싱키가 제공하는
텔레케어 서비스의 현황과 경제적 효과

930+

이용자 수
930명 이상

300,000

매당 30만 건의
텔레케어(원격) 방문

25,000+

매달 2만 5,000건 이상의
가정 방문

150만 KM

원격서비스로 2019년
한해동안 줄인 이동거리

85%

원격 서비스 방문시
비용 절감 효과
(45유로→5유로)

자료: 서비스센터헬싱키

는 비용은 회당 45유로였지만, 텔레케어는 단 5유로에 서비스 이용이 가능하다. 간호사들의 방문 횟수가 월 30회에서 4회로 줄어들면서 서비스 제공 시간도 더 효율적으로 바뀌었다. 헬싱 키시는 텔레케어 서비스를 통해 2019년 한 해 동안 약 150만km 의 이동거리를 줄인 것으로 파악하고 있다.

누보넨 이사는 "우리 고객들은 간호 서비스를 필요로 하지만 간병인이나 간호사들이 매일 방문해야 하는 문제가 있었다. 헬싱키 사회복지부서와 서비스센터가 막대한 비용을 줄이기 위해 머리를 맞댔고, 그 결과 매우 비용 효율적인 서비스 구조를 만들게 됐다. 서비스 수요자의 폭발적인 증가 역시 경제적인 측면과 관계가 깊다"고 말했다.

혁신 기술 경연장 된 텔레케어 서비스

서비스센터헬싱키는 공개 입찰을 통해 3년마다 IT기기 제공 업체를 재선정한다. 빠르게 바뀌는 IT 기술을 적용하기 위해서다. 핀란드는 스타트업의 요람으로 손꼽히는 만큼, IT와 헬스케어 관련 업체들은 기술 개발에 전력을 다하고 있다. 비디오비지트는 원격 진료 서비스를 제공하는 업체다. 온라인을 통한 원격 진료 서비스를 도입해 영상으로 노인들의 건강 상태를 확인할 수 있게 한다는 것이 이 회사의 설립 목적이다. 비디오비지트는 현재 핀란드에서 약 85%의 시장점유율을 기반으로 중국과 북유럽 등 해외 진출을 위한 계획을 추진하고 있다.

매리케어MariCare와 베네테Benete 등 지역 IT회사는 동작센서를 통해 사람이 얼마나 이동하는지, 화장실을 얼마나 방문하는지 몇 번이나 냉장고를 여닫는지 등의 데이터를 수집하는 시스템을 개발하고 있다. 간병인은 데이터를 토대로 방문 대상과 점검 대상의 우선순위를 정할 수 있다. 가령 화장실 방문이 급증하면 요로 감염의 징후일 수도 있고, 냉장고 문을 자주 열지 않으면 기억력 악화를 의심해볼 수 있다.

원격 의료 서비스의 도입은 핀란드 정부의 핵심 과제였다. 질병을 앓는 고령 인구의 건강을 효율적으로 관리하는 게 사회적인 과제로 떠올랐기 때문이다. 직접 병원을 찾아야 하는 불편을 줄이는 동시에 영상을 통해 수시로 상태를 점검하면서 질병을 예측·예방하는 단계까지 발전시키겠다는 구상이었다. 텔레케어 서비스 이후 핀란드에서는 의사와 환자 사이에서 반드시 모든 진료를 대면으로 할 필요는 없다는 인식이 확산되고 있다.

한국에서는 2000년 원격 진료 서비스가 처음 도입됐지만 19년이 지난 지금까지도 상용화되지 못한 채 시범 서비스에 머물고 있다. 원격 진료가 의료 민영화의 시발점이 될 수 있다는 이유에서 정치적인 반대에 부딪혔기 때문이다. 다만 문재인 대통령이 2018년 8월, "도서벽지에 있어 의료 혜택을 받기 어려운 환자들을 원격으로 진료할 수 있어야 한다"고 당부했을 정도로 그 필요성은 여전하다.

현재 원격의료는 의료법과 약사법에 따라 의사와 의사 간 원격진료만 가능하고, 의료인과 환자 간 원격의료는 불가능하다. 대면진료가 아닐 경우 진단서·검안서·처방전 발행 등도 금지돼 있다. 2020년 초 재단법인 파이터치연구원은 의사와 환자 간

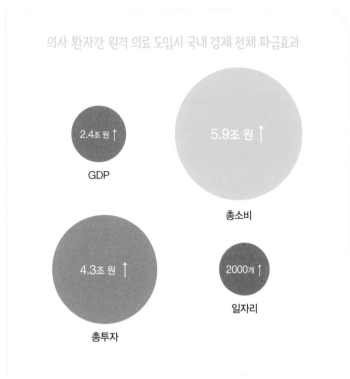

의사 환자간 원격 의료 도입시 국내 경제 전체 파급효과

2.4조 원 ↑
GDP

5.9조 원 ↑
총소비

4.3조 원 ↑
총투자

2000개 ↑
일자리

자료: 파이터치연구원

원격의료를 허용하는 방향으로 규제를 완화할 경우, 국민 전체 진료비가 1.42% 줄고, 의료서비스 공급은 1.88% 늘어날 것이란 연구조사를 내놓기도 했다. 의료서비스 관련 전체 일자리는 2,000개가 늘어날 것으로 봤다. 파이터치연구원은 연간 국내총생산GDP이 2조 4,000억 원, 총소비가 5조 9,000억 원, 총투자 4조 3,000억 원이 각각 증가할 것으로 분석했다.

서비스센터헬싱키는 향후 서비스 이용자들의 영양 상태를 실시간으로 분석해 무엇을 보충해 먹어야 할지 조언하는 서비스를 내놓을 예정이다. 누보넨 이사는 "케어 대상자의 영양 수준이 어느 정도인지 측정하는 기술을 테스트하고 있다"며 "노인들이 좋은 건강 상태를 유지하기 위해서는 영양 상태를 확인하는 것이 가장 중요하다. 그래서 무엇을 어떻게 먹었는지, 어떤 영양분을 보충해야 할지 등을 알려주는 서비스를 준비하고 있다"고 설명했다.

낡은 베드타운이
소통의 올드 랜드로

– 일본

일본 간토關東지방을 대표하는 항구도시 요코하마는 수도권 최대 베드타운 중 하나다. 도쿄의 후방도시로서 큰 매력은 가지지 못한 도시였다. 최근 도시재생 사업으로 도심 정비가 진행되면서 독립 도시로서의 성장을 꾀하고 있다. 그러나 저출산 고령화로 인한 인구 감소가 가시화되면서 기존에 형성된 베드타운의 쇠퇴는 피할 수 없는 상황이다. 특히 '뉴타운'으로 불리며 경제성장기에 급속하게 건설된 교외郊外형 단독주택 단지는 최근 마을 전체가 활기를 잃고 있다.

요코하마역에서 버스로 30분 정도 거리에 있는 '가미고上鄕 네오폴리스'도 전형적인 쇠퇴형 단독주택 단지 중 하나다. 1972년 42ha(헥타르) 면적에 총 868개 주택으로 마련된 이 단지는 2019

40년 전 다이와하우스공업이 조성한 마을 가미고 네오폴리스

년 현재 2,000여 명이 거주하는 조용한 마을이다. 일본의 베이비부머 세대를 일컫는 '단카이 세대'와 그들의 자녀 세대인 '단카이 주니어 세대'가 수도권에 살기 적합한 장소로 불리면서 인기를 얻은 단지였다. 신축 당시에는 상점가가 형성돼 있었고 근처에 학교도 지어져 교육 환경도 우수한 지역이었다.

하지만 주거지가 형성된 후 40년이 지나면서 마을도 함께 나이들기 시작했다. 상점가는 이미 문을 닫았고 단지 내 초등학교는 이미 15년 전에 다른 지역 초등학교와 통폐합됐다. 도시로서의 기능을 유지하는 인프라가 사라진 것이다. 빈집이 늘고 노후화된 주택이 방치되는 경우가 많아지면서 마을 분위기도 점차 어두워졌다. 요코하마시 정책국 통계 자료에 따르면, 2017년 가미고 네오폴리스 주민 중 65세 이상 고령자 비중(고령화율)이 약

50%를 차지했다. 같은 시기 요코하마시 전체 고령화율 24.0%와 비교하면 2배 가까운 차이를 보였다. 고령자만 사는 마을이라는 인식은 앞으로 아무도 살지 않는 마을이 될 것이라는 위기감으로 이어졌다.

마을 전체가 이 같은 위기의식을 공유하면서 2014년 주민들은 일본 최대 주택건설회사인 다이와하우스공업을 찾아갔다. 마을 재생을 위해 협력해달라고 요청하기 위해서였다. 주민들이 다이와하우스공업을 찾아간 것은 네오폴리스를 조성한 기업이 재생사업의 일환으로 도움을 줄 수 있을 것이라고 생각했기 때문이다. 다이와하우스공업은 1962년부터 전국 61개 지역에 대규모 단독주택 단지인 네오폴리스를 조성했다. 분양된 지 40년이 지난 지금 모든 단지가 노후화됐지만 관리책임의 의무가 없는 기업이 나서서 마을 재생을 진행하는 것도 어려운 상황이었다. 그러나 가미고 네오폴리스 주민들의 요구는 다이와하우스공업이 가진 고민의 해결점을 찾는 계기가 됐다.

민·관·산·학이 함께하는 마을 재생사업

다이와하우스공업은 민民이 산·관·학과 연계하는 방식으로 마을 활성화에 기여했다. 기존 주민은 물론, 외부에서 새로운 주민이 이주하기 쉬운 마을을 만들기 위해 마을 재생을 새로운 사업 아이템으로 선정했다. 이름하여 '리브네스Liveness타운 프로젝트', 평생 살아갈 수 있는 마을을 만들기 위한 사업이 시작된 것이다.

사업모델 1호로 가미고 네오폴리스를 선정한 다이와하우스공업은 2015년부터 본격적으로 주민과 기업 간 소통을 시작했다. 해당 지역을 중심으로 활동하는 각종 단체나 지역 대학 등과 협약을 맺고 매월 협의회를 열었다. 이 과정을 통해 주민들이 필요한 것이 무엇인지 규명하는 작업부터 시작했다. 모든 주민을 대상으로 진행된 설문조사에서 주민들은 상점이 없고, 교통이 불편하며, 고령자에 대한 케어가 진행되지 않는 점에 불편을 느끼고 있었다. 이런 불편함을 토대로 마을 주민들이 모일 수 있는 커뮤니티 센터가 필요하다는 데 주목하고 사업을 추진했다. 그렇게 탄생한 것이 2019년 10월 문을 연 '노시치리野七里 테라스'였다.

다이와하우스공업은 가미고 네오폴리스 재생 과정에서 다섯 가지 목적에 따라 마을에 필요한 서비스가 무엇인지 연구하기 시작했다. 목적은 △고령자의 불안이 적은 마을 △다세대에 걸친 지속가능한 마을 △남녀노소가 항상 빛나는 마을 △자산가치가 유지되는 마을 △서로 돕는 마을 등 다섯 가지다. 이 같은 목적에 따라 만들어진 첫 번째 시설이 바로 노시치리테라스다.

노시치리테라스에 편의점과 커뮤니티 공간을 한 곳에 마련했다. '사치寺테라스'로 명명된 편의점은 다이와하우스공업의 자매회사인 다이와리빙이 참여해 운영을 맡는다. 식료품, 일상용품 등 일반 편의점에서 판매하는 제품과 함께 지역에서 생산된 채소나 와인 등 사치테라스만의 특화된 상품도 진열했다. 고령자가 많은 지역인 만큼 생활편의성을 높이기 위해 점장과 종업원 모두 지역 주민 중에서 선발했다. 이 점포를 거점으로 단지 내 이동판매도 매주 1회씩 진행되고 있다.

커뮤니티 공간인 '이마居間(거실을 뜻함)테라스'는 40개의 좌석을 마련해 누구나 이용할 수 있는 편의공간으로 조성했다. 또 마을 외부로 나갈 수 있는 유일한 교통수단인 버스를 이용하려는 주민들이 더 편하게 대기할 수 있도록 보도 공간을 1.5미터 늘리고 그늘막을 설치했다. 지역주민이 직접 시설과 환경 정리, 이벤트 기획에도 참여했다.

노시치리테라스가 생긴 이후 마을에 활력이 돌아왔다는 평가가 이어졌다. 집안에만 있던 주민들이 말동무를 만나기 위해 모여들기 시작했다. 주기적으로 마련되는 마을 행사에도 적극적으로 참여하는 사람이 늘어났다. 주민 후나노 도모코 씨는 "상점과 학교가 문을 닫고 점차 마을이 늙어간다는 생각을 하면서 주민들 사이에서는 지금 뭔가 하지 않으면 안 된다는 공감대가 형성됐다"며 "주민들이 의견을 적극적으로 내고 있고 그걸 기업과 지자체가 반영해주려는 노력이 더해지면서 마을에 변화가 일고 있

노시치리테라스

다"고 만족했다.

노시치리테라스는 가미고 네오폴리스 변화의 시작에 불과하
다. 다이와하우스공업은 앞으로 회사 계열사의 역량을 단지 마
을 재생을 위해 총동원할 계획이다. 가미고 네오폴리스는 건설
당시 인프라가 충실한 뉴타운이었다. 지금은 다른 학교와 통폐
합된 초등학교 건물은 현재 매장문화재센터로 운영되고 있다.
노인복지센터, 수영장 등도 마련돼 있다. 다이와하우스공업은
주택신축과 재건축 등의 주택사업뿐만 아니라 의료 및 간호, 피
트니스, 상업점포 등을 그룹 계열사가 진행하는 다양한 서비스
사업에 적극적으로 활용할 방침이다. 기존 시설을 주민들이 필
요로 하는 시설로 재활용해 주민들의 삶의 질을 개선할 계획이
다. 이를 통해 단지 전체가 활기를 되찾으면 새로 이주하는 주민

들도 늘어날 것으로 기대하고 있다. 현재 단지 내 업무는 관리사무소 개념인 '나고미和테라스'에서 진행하고 있다. 다이와하우스공업 직원이 배치돼 거주자들와 주기적으로 상담하면서 필요한 것이 무엇인지 찾아서 도움을 주는 역할을 하고 있다.

이 같은 뉴타운 재생사업은 인구 감소로 빈집 문제가 심각한 일본 사회에서 새로운 사업 모델로 떠오르고 있다. 하지만 주민들의 의지만으로는 해답을 찾아내기가 어려운 것이 현실이다. 기업들이 적극적으로 참여해 주민과 지자체 등을 연결하는 매개체 역할을 해야 한다는 것이 가미고 네오폴리스 재생사업을 추진하는 가운데 증명되고 있다.

다이와하우스공업은 61개소에 달하는 일본 전국 네오폴리스가 가미고 네오폴리스와 유사한 문제를 안고 있을 것으로 보고 있다. 가미고 네오폴리스를 테스트 타운으로 지정하고 성공 사례를 다른 네오폴리스로 확대할 방침이다. 1960~1970년 당시 타 건설업체가 시공한 뉴타운에도 확대할 경우, 새로운 비즈니스 모델로 성장할 것으로 기대된다. 특히 고령자들에게 필요한 주택 리모델링과 돌봄시설 등은 지속적인 수익으로 이어질 가능성이 커 앞으로 기업의 지속적인 성장동력이 될 것으로 내다보고 있다. 다이와하우스공업의 추산에 따르면, 마을재생 사업이 성공하면 2021년에는 관련 매출이 3,000억 엔(약 3조 원) 규모로 성장할 것으로 예상된다.

쇠락한 노인 주택단지,
실버 산업 테스트베드로 변신
– 일본

  2017년 1월 일본 가나자와神奈川현 가마쿠라鎌倉시에서는 시니어를 대상으로 한 새로운 형태의 도전이 시작됐다. 학계를 대표하는 도쿄대학교 고령사회종합연구기구IOG와 미쓰이스미토모파이낸셜그룹 등의 기업, 그리고 가마쿠라시가 함께 연계해 일본에서는 처음으로 리빙랩을 도입한 것이다. 리빙랩은 주로 유럽을 중심으로 알려진 개념이다. 전 세계적으로 고령화가 급속하게 진행되면서 늘어나는 고령 인구에 대응하기 위해 도입됐다. 리빙랩은 특정 지역을 지정해 해당 지역 거주자들을 대상으로 진행하는 일종의 실험이다. 주민들의 삶의 질을 높일 수 있는 서비스나 제품을 만들어내거나 개선하기 위한 활동이다. 유럽을 중심으로 400여 개 지역이 리빙랩이라는 이름으로 실험을 진행

중이다. 전 세계에서 가장 고령화가 진행된 국가 중 하나인 일본에서는 최근 들어 이런 제도를 수용하려는 움직임이 곳곳에서 나오고 있다.

제품이나 서비스의 개발 과정에 사용자가 직접 참가하면서, 그들이 필요로 하는 요소를 반영할 수 있다는 기대감에 기업들도 관심을 보이고 있다. 이전에도 기업들의 제품개발 과정에는 소비자들이 참가해 평가하는 절차가 있었다. 하지만 리빙랩은 제품이 개발되기 이전 단계부터 참가해 소비자가 진정 필요로 하는 것이 무엇인지부터 고민한다는 점에서 차이가 있다. 서로 논의하는 과정에서 지역 주민들과 기업, 대학, 지자체 등이 리빙랩에서 아이디어를 공유하면서 실제 사용자를 중심으로 새로운 것을 만들어내는 시스템이다. 그렇게 열린 공간에서 자신들이 가진 정보를 바탕으로 제품을 만들어내는 '오픈 이노베이션 플랫폼'이다.

가마쿠라시는 지난 2015년 전체 인구 중 65세 이상이 차지하는 비중(고령화율)이 30％를 넘어섰다. 1970년대까지 이어진 고도경제성장기에 지어진 주택단지가 밀집한 지역에는 주민의 절반이 고령자인 곳도 있다. 도시 조성 단계에서는 나이가 비슷한 사람들이 유사한 형태의 가족을 구성하면서 자연스럽게 지역이 활성화됐다. 하지만 시간이 흐를수록 거주자의 고령화는 진행되고, 성인이 된 자녀세대는 독립해 마을을 떠나면서 고령화와 더

불어 인구 감소 문제가 복합적으로 나타나고 있다.

이마이즈미다이今泉臺는 가마쿠라 내에서도 특히 고령화율이 45%로 높은 지역이다. 이곳은 1960년대부터 개발이 시작돼 도쿄, 요코하마 등 수도권에서 일하는 사람들을 위한 베드타운 역할을 해온 주택지였다. 약 2,000세대 5,000여 명이 밀집한 이 지역은 도심에서 조금 떨어져 있어 자연을 즐기면서 여유롭게 지낼 수 있는 입지에 조성되었다. 그러나 JR오후나大船역에서 버스로 20분 정도 떨어진 탓에 젊은 세대가 들어와서 사는 경우는 드물어졌다. 사는 사람이 줄어들면, 지역 사회 문제해결에 나설 사람도 줄어든다. 인구 감소와 함께 빈집이 꾸준히 늘면서 관리되지 않는 폐허가 늘었다. 마을 내부에서 경제활동이 이뤄지지 않는 탓에 상점가도 문을 닫기 시작했다. 가마쿠라 리빙랩이 이마이즈미다이에서 진행된 것은 침체되어 가는 마을 분위기를 되살려 누구라도 계속해서 '살기 좋은 마을'로 되돌리기 위해서다. 산·학·관 협력 사업에 주민들이 합류하고 계획·실행·검증·개선 과정을 뜻하는 PDCAPlan-Do-Check-Action 사이클을 거치면서 실제 사용자가 쓰기 쉽고 가격도 저렴한 제품이나 서비스를 만들어내는 역할을 하고 있다. 현재 업종을 불문하고 다양한 기업들이 합류하면서 시니어들이 필요로 하는 제품을 어떻게 만들어낼지 기대감이 커지고 있다.

가마쿠라 리빙랩 시행 2년 만에 나온 첫 양산품은 가구업체

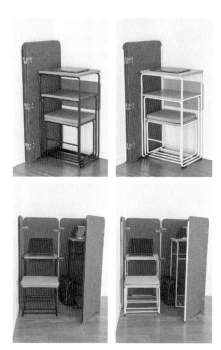

가구업체 이토키에서 가마쿠라리빙랩을 통해 개발
한 재택근무용 가구 '유비크'

이토키에서 만든 재택근무용 책상이다. 집에서 일하기를 희망하
는 고령자들을 대상으로 시제품을 제공한 뒤 반응을 취합해 개
선 작업을 진행했다. '일할 때와 쉴 때의 구분이 확실하기를 원
한다', '장시간 앉아 있어도 편한 책상이 좋다', '책상이지만 공간
을 너무 차지하지 않았으면 좋겠다' 등 다양한 반응을 취합한 제
품이 오노프ONOFF, 유비크UBIQ 등 2종류로 완성됐다. 2019년 11
월부터는 욕조, 세면대 등 욕실 공간에서 개선점을 찾을 수 있을

지 논의하는 워크숍을 열고 제품 개발을 진행하고 있다.

리빙랩은 주민들의 적극적인 참여를 유도하면서 마을의 커뮤니티 기능 강화를 주목적으로 한다. 주민들이 서로 연대하는 것이 마을의 지속가능성을 높일 수 있기 때문이다. 주민들이 스스로 마을을 성장하게 만드는 것이 고령사회의 경제 활성화로 이어질 것이라는 기대도 나오고 있다. 기대수명이 길어지고 있는 상황에서 장수사회의 과제를 해결하기 위한 연구소로 자리매김하는 것이다.

가마쿠라 리빙랩은 스웨덴과의 공동연구로 진행되고 있다. 리빙랩 참여 기업들은 일본에서 성공적인 모델이 탄생할 경우, 유럽 시장으로 진출하는 것도 염두에 두고 있다.

다음은 도쿄대학교 IOG 아키하마 히로코 특임교수와의 일문일답이다.

◌ **고령자라는 인식에 변화가 일고 있다. 리빙랩과도 연결이 된다고 보는데.**

가마쿠라에서 기업과 함께하고 있는데, 덕분에 기업에서 관심을 가져주고 있다. 저출산·고령화라고 하면 모두 할 수 없는 과제만 얘기한다. 다만 먼저 전제해야 하는 것이 있는데, '100세 시대'는 아직 누구도 살아본 적 없다는 점이다. 젊은 사람들

아키야마 히로코 도쿄대 특임교수

은 물론, 시니어도 모르는 사회다. 새로운 가능성이 있는 사회다. 직업도 전에 없던 것들이 새롭게 생겨날 것이다. 다양한 라이프스타일이 만들어지도록 제안하는 일 등을 리빙랩에서 진행하려고 한다. 과제해결이라는 것도 있지만 동시에 100세 시대에 맞는 새로운 라이프스타일 디자인을 기업과 함께 제안해 나가는 것이 리빙랩의 역할이다.

○ **성과는 어떠한가?**

지금 진행 중인 것들이 많다. 기업 단위에서는 굉장히 다양한 업체들이 참가하고 있다. 예를 들어 차를 운전할 수 없어 이동에 어려움을 겪는 시니어를 위해, 여러 자동차 기업이 퍼스널 모빌

리티를 만들고 있다. 그걸 리빙랩에서 함께 고민하고 있다. 만약 운전은 못하지만 대중교통으로 이동할 수는 있는 고령자가 있다면, 그들을 위해 이동수단을 고민한다. 나아가 버스정류장까지도 걸어서 못가는 사람들은 어떻게 이동수단을 제공할지도 함께 고민한다. 리빙랩이라는 것은 재화나 서비스만 만드는 게 아니라 사회의 짜임새를 만드는 것도 하기 때문에 여러 상황을 가정해서 진행해야 한다.

Q 고령사회에서 제품이 가져야 하는 특징은 무엇인가?

고령사회의 특징이라는 것은 다양성이 중요해진다는 점이다. 예를 들어 2세용 신발의 경우, 하나만 잘 만들면 2살 모두가 고객이 된다. 하지만 70세용 구두는 만들 수 없다. 신체 기능이 모두가 다르고 인지기능, 경제상황도 모두 다르기 때문이다. 라이프스타일이나 가치관도 다르다. 다양한 사람들을 대상으로 해야 하는 것이 특징이다. 리빙랩에서 재택근무용 가구를 만들어 시장에 내놓은 것도 소비자들의 수요에 대응하기 위한 것이었다. 오피스용 가구를 만드는 회사가 일본 특유의 좁은 집에 적합한 가구 2종을 만들어서 이제 막 시장에 발표한 상태다. 효과가 어디까지 드러날지는 두고봐야 한다. 하지만 이 같은 연구는 일본 경제를 움직이기 위해서라도 지속적으로 진행되어야 한다. 일본의 개인자산 중 약 70% 정도는 시니어가 가지고 있는데 그게 전혀 움직이지 않고 있다. 시니어가 가진 자산을 어떻게 움직이게 할지 고민하는 것도 리빙랩의 역할이다.

Q 리빙랩에서는 기업이 먼저 제품 테스트를 제안하는 편인가?

그렇지 않다. 먼저 과제가 무엇인지 파악하는 것부터 시작한다. 바라는 점, 불편한 점 등 소비자의 고민에서 시작해 그걸 해결하려면 어떤 해결책이 있는지, 이런 생활을 하고 싶은지를 실현하기 위해 어떤 수단을 써야 하는지 기업과 학계, 주민들 모두가 브레인스토밍하는 것에서 시작한다. 이후 기업이 제품을 만들어서 써보고 개선하는 과정을 거친다. 그걸 PDCA 사이클을 돌려서 개선해 나가는 것이다. 그렇게 최종적으로 모든 문제를 해결하여 편리하고 디자인도 훌륭하며 가격도 적당한 제품에만 도쿄대학교 IOG의 인증마크를 붙여 시장에 출시한다.

Q 기업 쪽에서는 고령자를 생각해서 만들었다고 해도 그걸 시장에서 받아들이지 않는 문제가 있는데.

그렇다. 일본 시장도 그런 문제를 고민하고 있다. 이유는 사용자의 수요를 잘 파악하고 있지 않기 때문이다. 그래서 리빙랩은 사용자를 중심으로 해서 함께 만들어가고 있다는 점이 중요하다. 문제를 인식하는 단계부터 사용자의 상태를 파악한 뒤에 테스트를 시작한다. 고령자는 다양한 취향을 가지고 있기 때문에 뭘 만들어야 하는지 잘 모른다. 고령 인구가 급격하게 늘어나고 있는 상황에서 일본은 이미 인구의 3분의 1이 고령자이기 때문에 충분히 큰 시장이다. 그럼에도 기업들이 어떻게 대처해야 하는지 방법을 잘 모르는 것 같다. 사용자와 함께 생각하는 것이 해결책이 될 것이라고 본다.

100세 시대 조언자가 말하는
'올드가 사는 국가'
- 린다 그래튼 런던경영대학원 교수와의 인터뷰

"기업이 60대 이상을 고용하지 않는 이유 중 하나는 만약 그들을 고용하면 젊은이들의 일자리가 줄어든다고 생각하기 때문이다. 하지만 시니어의 고용이 젊은이들의 일자리를 줄인다는 생각에 대한 증거는 아무것도 없다."

린다 그래튼 런던경영대학원(런던비즈니스스쿨) 교수는 〈매일경제〉와 인터뷰를 통해 '올드가 은퇴를 미루게 되면 젊은이들의 일자리를 뺏는다는 통념'에 대해 이렇게 정의했다. 그녀는 글로벌 베스트셀러가 된《100세 인생: 저주가 아닌 선물The 100-Year Life-Living and Working in an Age of Longevity》의 공동 저자다. 그녀는 2017년부터는 아베 신조 일본 총리의 자문역을 맡고 있다.

그래튼 교수는 "실제로 60대 이상의 사람들이 일을 할 수 있

스위스 다보스에서 열린 세계경제포럼에 참석한 린다 그래튼 런던경영대학원 교수가
〈매일경제〉와 인터뷰 하고 있다.

을 때, 그들이 번 돈으로 상품과 서비스를 구매하게 된다. 그래
야 고령자들이 결과적으로 산업을 촉진할 수 있다"며 "특히 한국
과 같이 낮은 실업률의 타이트한 노동시장에서는 고령자가 일
을 할 수 있도록 장려한다면 젊은 세대에게도 매우 좋은 일이 될
것"이라고 평가했다.

그녀는 1960~1970년대 미국 여성 인력의 노동 시장 진출 사
례를 들어 '노동 총량의 오류Lump of labour fallacy'를 반박해냈다. 노동
총량의 오류란, 한 국가 경제에 일자리 숫자가 고정돼 있어서 한
사람이 노동시장에 진입하면 누군가는 일자리를 떠나야 한다는
개념이다. 그래튼 교수는 "이 기간 수만 명의 미국 여성 인력이
노동시장에 진출했지만, 남성의 일자리를 빼앗지 않았다"며 "무

슨 일이 있어났는지 봐라. 실제 여성인력의 진출은 노동시장 전체를 키웠다"고 평가했다.

그래튼 교수는 지난 2017년 9월 아베 총리가 구성한 일본 정부의 '인생 100년 시대 구상회의'에 참여해왔다. 아베 총리가 이 회의체의 의장을 맡고, 부총리와 장관 8명, 지식인 13명이 참가했다. 여기에는 그래튼 교수를 포함한 대학교수와 노동조합(렌고) 대표, 경제인 단체(게이단렌) 대표, 축구팀 감독과 게임 앱 개발자, 학생 등이 포함되어 있다. 1년간 운영된 회의체는 나름대로 실효적인 효과를 거둔 것으로 평가된다. 인생 100년 시대 구상회의는 9차례의 회의를 거쳐 '사람 만들기 혁명 기본구상 종합' 내용을 결정했고, 여기에는 유아교육 무상화, 저소득층 대상 대학교육 무상화, 65세 이상 고령자의 정년 연장에 대비한 환경 정비 등 포괄적 정부 방침이 담겼다. 2018년 6월부터는 정부가 기본구상 종합발표를 토대로 개별 정책에 대한 구체화 작업을 진행하고 있다.

그래튼 교수는 "일본은 세계에서 가장 고령화된 사회이지만 단기 인구구조의 변화를 가장 먼저 경험한 나라일 뿐 내 생각에 그렇게 특별한 나라는 아니다. 다만 한국은 매우 빠르게 일본을 따라가고 있기 때문에 한국에서 일본이 지금 무엇을 하고 있느냐 묻는 것은 매우 흥미로운 일"이라고 평가했다. 이어서 그녀는 "일본이 고령화 사회에 대한 이해를 더 빨리 해낼 수 있다면, 많은 나라들이 일본의 정책뿐만 아니라 기술들에 대해 배우고 싶어 한다는 것을 잘 깨달아 가고 있다"고 덧붙였다.

그래튼 교수는 자신의 책을 통해 100세 시대를 맞은 개인의 삶을 심도 깊게 조망했다. 그녀는 20세까지의 교육과 40년가량의 직장생활, 그 이후 죽음 전까지 맞게 되는 은퇴라는 '3단계' 삶의 구조가 100세 시대에는 붕괴될 것으로 내다봤다. 100세 시대에 맞춰 개인은 '다단계 삶의 구조Multi Stage Life'를 설계하고 국가는 이를 도와줄 수 있는 정책을 펴야 한다는 게 그녀 주장의 핵심이다.

그래튼 교수는 캘리포니아대학과 막스플랑크협회의 연구 자료를 인용해, 2007년 일본에서 태어난 아이가 107세까지 살 가능성이 50%인 것으로 추정했다. 미국(104세), 프랑스(104세), 캐나다(104세) 영국(102세) 등 대부분의 선진국에서 2007년에 태어난 아기의 50%가 100세 이상까지 살 것으로 예상된다. 1914년에 태어난 아이가 100세까지 살 가능성이 1%에 불과했다는 점을 고려하면, 본격적인 100세 시대가 도래했다는 그녀의 주장에 힘이 실린다.

그래튼 교수는 '욜드'에게 기업들이 일자리를 내어줄 수 있도록 국가가 정책 수단을 강구해야 한다고 주장했다. 기업에게 60~70세 이상을 채용할 경우 세제 혜택을 주거나 재교육 인센티브를 주는 것은 그녀가 생각하는 여러 정책수단 중 하나다. 그녀는 "100세 시대가 열리면 사람들은 70~80대까지 건강하게 생활할 수 있을 테고, 또한 경제적으로 일 할 필요성이 커질 것"이라며 "60세에 은퇴하고 100세까지 일 없이 사는 것은 국가경제에, 특히 연금 시스템에 엄청난 부담이 되기 때문에 정부는 60~70대가 일하는 것을 지원하기 위해 무엇을 해야 할지 살펴볼 필요가 있다"고 말했다.

아울러 그래튼 교수는 국가가 개인이 '다단계 삶의 구조'를 설계하도록 정책의 변화를 가져가야 한다고 주문했다. 대부분의 국가의 정책이 '풀 타임 교육-풀 타임 워크-풀 타임 은퇴'라는 3단계 삶의 구조에 맞춰져 있기 때문이다. 그녀는 "만약 100세까지 살게 된다면 어떤 사람도 20대부터 80대까지 일을 한 번도 쉬지 않고 갈 수는 없고, 또 인생의 어느 시작점에서만 교육을 받는 게 아니라 다른 여러 시점에서 교육을 받아야 한다"며 "정부는 젊은 층에 집중된 교육의 기회를 다른 연령대로도 분배하고, 휴식 시기도 은퇴 시기 이전으로 재배분할 수 있는 방법을 마련해야 한다"고 말했다.

그래튼 교수는 기업들의 인식 변화도 주문했다. 교육의 관점을 바꿔야 한다는 취지다. 만약 한 개인이 여행을 위해 휴식 시간을 갖거나 아이와 부모를 돌보기 위한 시간을 갖는다면, 이는 그에게 '죽은 시간Dead Time'이 아니라 '학습 시간Education time'이 된다는 점에서 그렇다. 그녀는 "한국과 일본에서는 대학을 졸업하고 취업을 하게 되면, 이후 취업문이 닫혀버려 다른 30대와 40대는 접근하기 매우 어려워진다. 기업은 다양한 생애주기의 사람들이 더 쉽게 그들과 함께할 수 있도록 훨씬 더 열려 있어야 한다"고 조언했다.

"한국,
15년 전 핀란드 상황과 똑같아"

- 에스코 아호 전 핀란드 총리와의 인터뷰

"굉장히 짧은 시간 안에 대한민국이 가진 자산인 우수한 노동 공급labor force이 거대한 위기로, 심지어는 문제라고 부를 수 있는 수준으로 바뀔 것이다."

에스코 아호 전 핀란드 총리는 핀란드 헬싱키에서 〈매일경제〉와 인터뷰를 통해 한국의 노동시장에 대한 강한 우려를 내놨다. 'Silver is the next green'이라는 말로 '욜드'의 등장을 반기는 그였지만, 노동 시간과 고용 여건 등 한국의 강한 '노동시장의 경직성'이 미래 인구구조 변화에 대응한 혁신을 가로막고 있다고 지적했다. 아호 전 총리는 정년 연장에 대한 논의가 세대 갈등으로 비화될 조짐을 보였던 한국이 "꼭 15년 전의 핀란드 상황과 같다"고도 했다.

헬싱키 시내 한 사무실에서 만난 에스코 아호 전 핀란드 총리가 〈매일경제〉와 인터뷰 하고 있다.

아호 전 총리는 "나는 한국이 실버 이코노미와 관련해 적극적이어야 한다고 생각했고, 2019년 〈매일경제〉가 주최하는 세계지식포럼에 참여해 이와 관련된 세션을 이끌기도 했다"며 "하지만 이와 관련해 한국에서 아직 비상상황이 없는 것에 매우 놀랐다"고 말했다. 이어 그는 "한국은 베이비붐이 핀란드나 유럽보다는 오래 지속됐기 때문에 단기적으로 유리한 위치에 있지만, OECD국가 중 출산율이 가장 낮은 상태라는 점에서 향후 굉장한 도전에 직면하게 될 것"이라고 꼬집었다.

아호 전 총리는 욜드의 등장을 두고 이들 세대가 동질적인 그룹이 아니라는 점을 지적했다. 65세 이상에게 더 이상 표준화된 라이프스타일은 없다는 얘기다. 누군가는 훌륭한 정신 능력을 가지고 있지만 다른 누군가는 그렇지 않을 수도 있고, 누군가는 훌륭한 사회적 관계를 가지고 있지만 다른 이는 그렇지 않을 수 있다. 또 누군가는 자녀와 손주를 돌보아야 하지만 누군가는 혼자 사는 식이다. 그는 "사람은 나이가 들면서 개인차가 줄어들지 않고 오히려 더 커진다"며 "때문에 욜드는 젊은 세대들보다 더욱 복잡성을 띤다"고 말했다.

정년 유연화로 욜드·청년 고용 동시에 늘린 핀란드

이런 배경을 가진 욜드의 등장과 맞물려 아호 전 총리는 개인화된 은퇴 연령을 핵심 과제로 꼽았다. 그는 "내가 대표적인 사례다. 어떤 약도 복용하고 있지 않고, 건강 상태도 좋다. 내 나이는 65세이지만 풀타임으로 일하고 있고, 은퇴할 계획도 없다. 은퇴 연령에 도달했지만 왜 일을 멈춰야 하냐"고 반문했다. 이어 "내 나이의 일부 사람들은 더 이상 일을 할 수 없을지도 모르지만, 또 다른 어떤 사람들은 이전보다 훨씬 더 효율적으로 일을 할 수 있다"며 "은퇴 연령은 유연해져야 한다"고 강조했다.

핀란드는 15년 전인 2005년 '기대 수명 계수'를 도입해 연금에 인센티브를 주는 방식으로 정년에 유연성을 더했다. 수급자들이 받는 연금의 월 수령액은 줄어들 수 있지만, 은퇴 기간 동안 받는 연금 총합의 양을 줄이지 않는 방식으로 개혁이 진행됐다. 공식 정년은 63~68세로 두고, 53세에 은퇴하는 사람에게는 1.5%의 인센티브를, 53세~62세는 1.9%, 63세~68세는 4.5%로 인센티브를 차등 지급하는 방식이다.

실제 연금 인센티브 제도를 통한 은퇴연령의 유연화는 효과를 봤다. OECD 통계에 따르면, 정년 유연화가 시행된 2005년 이후 2018년까지 청년(15~24세) 고용률은 42.1%에서 45.6%로, 65세 이상의 고용률은 5.1%에서 11%로 늘었다. 아호 전 총리는 "노인이 68세까지 일을 한다면 정부는 4년간 더 일한 만큼의 소득에 가산해 연금을 줄 수 있는데, 이는 개인과 사회에 모두 득이 된다"고 설명했다.

다만 연금 개혁의 과정은 만만치 않았다. 젊은 세대와 노동조합의 반발에 직면해야 했다. 아호 전 총리는 "노년층이 은퇴를 미루면 결과적으로 젊은 층이 직장을 잃게 된다는 인식과 접근은 15년 전에 핀란드에서 이미 목격되었다"며 "한국과 마찬가지로 핀란드 역시 기존의 질서를 유지하고자 하는 강한 노동조합이 있었지만, 결국 제도 개혁을 통해 개인화된 솔루션이 결국에는 노동자들에게도 위험이 아닌 자산이라는 것을 느끼고 있다"고 설명했다.

아호 총리는 디지털 경제로의 전환에 대비해 노동 시장의 유연성을 강화해야 한다고 주문했다. 그는 "노동의 형태가 예전처럼 육체노동으로 정의되던 시절에는 많은 사람들이 은퇴를 꿈꿔 왔고, 사회 전체가 '은퇴 이후에는 육체노동을 하지 않겠지'라는 꿈을 그리도록 디자인 돼 왔다. 그러나 디지털 세상에서는 공간상의 제약이 사라지고 이로써 훨씬 개인화된 삶이 나타날 것이다. 이는 매우 중대하고 드라마틱한 변화"라고 지적했다.

아호 전 총리는 빠를수록 좋다는 말로 실버 이코노미의 게임 룰을 정의했다. 더 오래 기다릴수록 결정이 더욱 힘들어진다는 점에서 그렇다. 그는 "노령화는 다른 이슈와 달리 굉장히 쉽게 예측이 가능하고 어떤 일이 발생할지 쉽게 계산해볼 수 있다. 닥쳐서 다른 옵션이 없는 상황에서 결정을 내리려면 굉장히 힘들 것이다. 연금 개혁을 너무 늦게 시작해 갈등의 중심(2019년부터 이어지는 프랑스의 대규모 파업 사태를 의미)에 놓인 프랑스가 아주 좋은 반면교사"라고 말했다.

아호 전 총리는 젊은 세대들이 '욜드'를 둘러싼 경제적 변화에 더욱 관심을 가져야 한다고 조언했다. 그는 "우리 기성세대가 조금의 실수를 하게 된다면, 결국 젊은 세대 당신들이 그 대가를 대신 지불하게 된다는 사실을 명심해야 한다"며 "특히 우리의 연금시스템은 적어도 내가 그것을 필요로 할 때까지는 지속될 것이라고 확신할 수 있지만, 다음 세대도 나와 같은 기회를 받게 될 것이라고 말할 수는 없다. 그래서 젊은 사람들이 실버 이코노미와 관련해서 더 적극적인 활동가가 돼야 한다"고 말했다.

4장

미리 가본
욜드 월드
· 산업 ·

덴마크 로봇연구 중심지
SDU에서 엿본 미래
- 로봇

"노인들에게 너무 많은 도움을 주려고 하지 마라. 로봇은 단순해야 사용하기 쉽고, 가격이 싸야 많은 사람들이 쓸 수 있다. 그래야 경쟁력이 있다."

트레이닝 로봇과 관절염 환자를 위한 보행 로봇, 병원과 요양 시설을 누비는 모바일 로봇 연구가 한창인 덴마크남부대학SDU. 이곳에서 만난 '제론 테크(노인을 위한 기술)' 연구자들은 올드를 위해 '더 심플하고, 더 경제적이고, 더 예쁜' 로봇을 만들어야 한다고 입을 모았다. 성능을 향상시키고, 또 향상시키면서 첨단 기술이 적용된 로봇을 만들어내더라도 결국 사용 방식이 복잡하고, 비싸면 최종 사용자End User에게 외면받을 수밖에 없다는 이유에서다.

앤더스 쇠렌슨 SDU교수가 자신의 연구실에서 최근의 연구성과를 설명하고 있다.

SDU는 글로벌 제론 테크 연구의 중심지로 통한다. 사람과 로봇이 상호 협업해 일하는 '협동 로봇' 분야의 세계 1위 기업인 유니버설로봇도 SDU 연구자들이 중심이 돼 만들었다. 한 해에 만 1조가 넘는 매출을 올리는 덴마크 로봇 클러스터에 근무하는 인력의 80%도 바로 이곳 출신이다.

시니어 등의 근력 강화를 위한 트레이닝 로봇을 개발하고 있는 앤더스 쇠렌슨Anders Sørensen 교수는 단순하고 사용하기 쉽고, 가격이 싼 로봇 개발에 주력하고 있다. 팔뿐만 아니라 손가락, 어깨, 다리까지 훈련할 수 있게 하는 로봇팔Robot Arm이 있지만, 비싸고 정교한 장치이기 때문에 병원 밖에서는 사용할 수가 없다는 점에 주목한 것이다. 중력이 아래로 작용하기 때문에 단순히 로봇이 팔을 들어 올려주는 것만으로도 충분한 트레이닝 효과가 있다는 것이 쇠렌슨 교수의 주장이다.

쇠렌슨 교수는 "병원에 가면 10개 정도의 로봇팔이 있지만 300명의 환자들이 매일매일 병원과 집을 오가야 하고, 매우 큰 비용과 복잡한 작업을 수반한다"며 "우리는 모터와 줄만 있으면 마치 피노키오처럼 팔을 들어올릴 수 있을 것이라고 생각했고, 간단하고 가격이 싸야 사람들이 집에서 이 로봇을 활용할 수 있게 될 것이라고 판단했다"고 말했다.

실제 쇠렌슨 교수의 연구는 성과가 있었다. 뇌졸중으로 몸 한쪽이 마비된 한 45세 환자는 쇠렌슨 교수가 만든 로봇을 사용하면서 빠른 회복세를 보였다. 그녀는 덴마크 내 최고의 의료 시설에서 2년간 재활 치료를 받았지만, 일어설 정도까지는 회복하지 못했다. 쇠렌슨 교수는 그녀의 몸 전체를 들어올릴 수 있는 로봇을 개발했고, 그녀는 15주(일주일에 세 번씩, 회당 90분)의 훈련을 통해 그녀가 사용할 수 있는 70%의 힘을 회복할 수 있었다.

쇠렌슨 교수는 "물리치료사나 의사는 매우 전문화돼 있고, 이들의 서비스를 이용하는 데 드는 비용이 매우 비싸기 때문에 고령자 등 근력 훈련이 필요한 사람들은 충분한 트레이닝을 받지 못한다. 성능을 향상시키고, 또 향상시키고, 다시 향상시키면 결국에는 썩 괜찮은 무언가를 얻어내겠지만 결국 그것들은 몇몇 사람들만 이용이 가능할 뿐"이라고 설명했다.

인도 출신 데니쉬 샤이크Danish Shaikh 교수는 관절염 노인 환자의 보행을 돕기 위한 로봇을 연구 중이다. 그는 전 세계 인구의 45%가 관절염을 앓게 된다는 점에 주목해 관련 연구를 시작했다. 그는 우리 몸의 무게를 지탱하는 무릎에 가해지는 힘을 덜어내기 위한 로봇을 개발 중이다. 그가 만든 로봇은 올드가 자주 착용하는 우스꽝스러운 무릎 보호대를 대체하는 것이 목표다. 샤이크 교수는 "모든 노인층은 관절염을 경험하게 되고, 노인들은 관절염을 'No.1' 문제로 꼽는데도 시장에서는 이를 해결하기 위한 방법을 내놓지 못하고 있다. 의사 말대로 무릎 보호대를 차면 운동을 거의 할 수 없는 상태가 되고, 운동을 하기 위해서 보호대를 제거하면 아파서 운동을 할 수 없는 악순환이 이어진다"고 평가했다.

그는 센서를 통해 무릎의 상태를 측정해 로봇 착용자가 앉아 있는지, 서 있는지, 무릎을 구부리는지, 걷고 있는지 등을 판단해 로봇이 무릎에 가해지는 힘을 조절할 수 있도록 할 계획이다. 그의 프로젝트는 2019년 미국에서 열린 웨어러블 로보틱스 컨퍼런스Wearable Robotics Conference 이노베이션 챌린지 부문에서 톱10으로 선정됐을 정도로 많은 관심을 받았다. 개발과 판매에 있어 의학적인 승인이 필요가 없는 '클래스1(Class1 · 몸에 주입하지 않는 도구)' 의학 기구로 개발이 완료될 경우, 시장 침투력이 클 것이라는 평가가 나왔다.

데니쉬 샤이크 SDU교수가 자신의 연구실에서 기존 성인용 무릎보호대의 문제점을 설명하고 있다.

샤이크 교수는 시제품 단계의 제품을 보여주면서 얼마나 더 심플하고, 예쁘게 로봇을 디자인하느냐가 로봇 개발의 성패를 좌우할 것이라고 예상했다. 그가 실버 관련 컨퍼런스와 요양기관 등을 찾아다니며 최종 사용자End User의 니즈를 파악하는데 적극적인 이유도 여기에 있다. 그는 로봇 개발자이지만 덴마크 골다공증협회Danish Osteoporosis Association에 가입돼 있는데, 협회는 제품을 시험 착용해 볼 젊은 시니어(욜드)들을 연결해주고 있다.

샤이크 교수는 "옷 위에 보조기구를 덧대는 것에 대해서 젊은 세대들은 별로 큰일이 아니라고 생각할지도 모르지만 노인들에게 제품 디자인은 굉장히 큰 문제"라며 "내가 만나본 욜드는 옷 위에 우스꽝스러운 보조기구를 차지 않고, '존엄하게' 원하는 방식으로 옷을 입을 수 있기를 원하고 있다"고 말했다. 이어 그는

"일부 사회에서는 메디컬 보조기구 착용이 금기이기도 하다"며 "우리가 로봇을 디자인할 때마다 옷 밑에 숨길 수 있도록 하는 이유"라고 설명했다.

쇠렌슨 교수처럼 샤이크 교수 역시 로봇을 경제적으로 만들 수 있는 방안에 대해서도 고민 중이다. 그는 3D프린터를 활용할 수 있는 물질을 찾고 있다. 샤이크 교수는 "의학적인 승인이 필요가 없다는 것은 온라인에서 쉽게 팔 수 있고, 소비자들이 제품에 쉽게 접근할 수 있다는 말이다. 3D프린팅으로 제품을 생산할 수 있다면 제작이 하루도 채 걸리지 않게 될 텐데, 이것은 우리에게 강한 경쟁력이 될 수 있다"고 설명했다.

이동형 로봇을 개발 중인 레온 보덴하겐Leon Bodenhagen 교수는 인간과 로봇의 공존을 위해 인간의 상호작용을 방해하지 않는 로봇 개발에 관심을 두고 있다. 그의 고민은 시각적인 것만을 탐지하는 로봇이 인간의 상호작용을 명확히 인식하지 못한다는 데 있다. 가령 일정 거리를 두고 두 사람이 대화를 나누고 있으면, 로봇은 두 사람 사이의 공간을 빈 공간으로 인식해 사이를 비집고 들어와서 상호작용을 방해한다.

보덴하겐 교수는 "병원과 요양시설 등에서 로봇이 더욱 건강하게 활동하기 위해 사람에게 다가가는 것조차도 좀 더 세밀하게 계획될 필요가 있다"며 "두 사람이 서로 쳐다보고 있다는 것을 이해하고, 두 사람 사이에 공간은 비어 있지만 이곳이 상호작용을 위한 공간이라는 사회적 규범을 이해시키는 데 주력하고 있다"고 말했다.

그는 자신의 제품에 아예 '로봇'이란 말을 빼는 것을 검토하고 있다. 일부 시니어 세대에게는 로봇이 인간을 대체하는 부정적인 특성으로 인식되고, 일부는 로봇을 원치 않기 때문이다. 보덴하겐 교수는 "요양원이나 병원에 가서 환자들과 대화를 나눌 때 그들은 서비스 로봇을 언제 제공받을 수 있는지 궁금해 했고, 여러 어르신들은 디지털 기술에 대해 익숙해지고 있다"면서도 "다만 로봇이 인간을 대체하는 부정적인 도구로 받아들여지고, 일부 사람들은 로봇을 원하지 않는다는 것을 알고, 로봇이라는 용어를 프로젝트명에 가급적 쓰지 않으려 하고 있다"고 설명했다.

글로벌 헬스케어의
선두주자,
덴마크 블루오션로보틱스

- 로봇

덴마크 오덴세시에는 세계 최초로 '로봇 벤처 팩토리'를 표방한 기업이 있다. 빔로봇Beam Robots, UVD 로봇, PTR 로봇 등 블루오션로보틱스Blue Ocean Robotics의 스타트업 자회사가 개발한 로봇들은 전 세계 병원과 요양시설을 누비며 글로벌 헬스케어 혁신을 보여주고 있다. 회사 전체 조직은 로봇 개발과 생산, 구매와 인사, 투자 유치 등 경영 관리를 맡고, 일부 기술과 사업을 분리해 신규로 만들어진 스핀아웃Spin-Out 회사는 기술 마케팅과 판매, 서비스 제공에만 초점을 두고 움직인다.

블루오션로보틱스는 2013년 1월 덴마크 소재 대학과 기술 기관 등에서 사람들이 함께 모여 창업한 회사다. 이 기업의 창업자들은 대학과 기관이 제품을 출시하고, 생산과 판매까지 하는 것

존 외스터가드 블루오션로보틱스 공동창업자가 이 회사 본사에서 〈매일경제〉와 인터뷰하고 있다.

은 상당히 어렵다는 것에 착안해 로봇 벤처 팩토리를 만들었다. 각 개발 조직들이 독립적인 스타트업처럼 움직이면서도, 블루오션로보틱스의 커뮤니티 속에서 산업적인 중심을 두고 움직이는 구조다.

이 회사 3명의 공동 창업자 중 하나인 존 외스터가드John Østergaard 블루오션로보틱스 최고기술책임자CTO는 "우리의 전략은 지속적으로 새로운 로봇 솔루션을 개발하고, 개발한 기술을 더욱 확장시킬 수 있는 대기업이 스핀아웃 회사를 인수하도록 하는 것"이라며 "우리 능력은 초기 단계의 혁신을 통해 로봇을 개발, 디자인 하고, 새로운 로봇을 전략에 맞게 시장에 내놓는 것이며 이것이 로봇 벤처 팩토리 모델의 요체"라고 설명했다.

시니어를 위한 헬스케어 로봇은 블루오션로보틱스가 가장 중점을 두고 있는 사업 분야다. 블루오션로보틱스는 제품 개발 시작부터 최종 사용자의 니즈를 가장 정확하게 파악할 수 있는 방법을 찾아내기 위해 고심하고 있다. 공동 창업자들이 이 회사를 만들기 전 대학과 연구기관에서 시행착오를 겪어가며 체득한 경험도 여기에 영향을 미쳤다.

블루오션로보틱스는 시니어를 위한 로봇 디자인을 시작할 때부터 산업의 워크플로Workflow가 무엇인지 분석하는 데 초점을 맞춘다. 현장에서 작업 흐름을 토대로 로봇이 어떻게 일해야 하는지, 사람과 어떻게 상호작용 해야 하는지, 어떤 데이터를 어떻게 수집하고, 이 데이터를 누가 사용할 것인지 등에 대해 구체적인 시나리오를 그린다. 이런 방식을 통해 로봇 디자인뿐만 아니라 고객들을 위한 비즈니스 케이스를 구체적으로 그려낼 수 있다는 이유에서다.

외스터가드 CTO는 "병원과 요양시설 등 현장의 업무 방식과 맞지 않거나 긍정적으로 사용되지 않는다면 우리는 사용할 수 없는 로봇을 개발한 것이 된다. 구매자가 로봇을 사용하는 이점이 무엇인지 파악하고, 투자 대비 이익을 살펴봤을 때 로봇과 함께 일하는 것이 긍정적인 인센티브로 작용해야 결국 비즈니스에 활용될 수 있다"고 말했다. 그는 이어서 "우리는 이런 부분을 고려해 로봇이 너무 급진적이거나 사용하기 너무 복잡하지 않도록 조심하고 있다"고 덧붙였다.

블루오션로보틱스가 갖춘 병원, 요양시설과의 강력한 협업 구조는 최종 사용자의 니즈를 파악하는 데 큰 힘이 되고 있다. 아울러 각 스타트업들을 지원하기 위한 커뮤니티 성격의 블루오션로보틱스는 외부 기관과의 협업 구조에서 '규모의 경제 효과'를 충분히 누리고 있다. 개별 개발 조직들이 별개의 스타트업처럼 따로 움직이는 것보다 훨씬 유리한 구조라는 이야기다.

대학병원과 협업으로 최종 사용자 니즈 '딱' 맞춰

블루오션로보틱스의 헬스케어 로봇인 UVD로봇은 대표적인 사례다. 블루오션로보틱스는 2014년 오덴세대학병원과 제휴해 자외선UV 소독 로봇 개발에 착수했다. 오덴세대학병원뿐만 아니라 병원 내 감염HAI·Hospital Acquired Infection 문제로 골머리를 앓던 덴마크 소재 다른 대학 병원들도 이 프로젝트에 힘을 보탰다. 2016년 블루오션로보틱스는 로봇 개발을 완료하고 UVD로보츠UVD Robots를 스핀아웃했다. UVD로봇은 2018년 상용화 됐고, 이듬해 국제로봇연맹IFR이 시상하는 '제15차 IERAThe 15th Innovation and Entrepreneurship Award in Robotics and Automation' 수상 기업으로 선정되기도 했다.

당시 병원들은 병실 청소와 바닥 청소, 손 씻기 등을 최우선

블루오션로보틱스가 개발한 UVD로봇이 살균 작업을 시연
하고 있다.

순위로 두면서 최고 수준의 위생 상태를 유지하려 노력했지만,
병원 내 감염은 막을 수 없다는 걱정이 컸다.

이는 다른 국가에서도 마찬가지였다. 미국은 한 해에 72만
2,000명이 감염에 노출됐고, 호주(20만 명)와 덴마크(5만 5,400명)
에서도 병원 내 감염이 빈발했다. 블루오션로보틱스는 병원 내
감염으로 인해 미국에서만 한해 330억 달러(약 34조 원)의 비용
이 발생하는 것으로 추정했다.

UVD로봇은 인간에게 해로운 자외선을 대신 분사해 살균 작용을 수행한다. 진료실이나 요양시설을 로봇이 자동으로 움직이면서 살균작업을 하는 방식이다. 실제 페르 닐센Per Nielsen UVD로보츠 최고경영자가 병실의 구조가 기록된 자료를 태블릿 PC로 전송하자 UVD로봇은 동선을 자동으로 설계해 이동하기 시작했다. 본체에서 보랏빛 불빛이 나오다가 이윽고 로봇 중심부에서 청록색 불빛이 퍼져가기 시작했다. 살균 시간은 10분여. 이 시간을 거치고 나면 병원 내 감염의 원인인 각종 병원균과 유해 미생물이 99.99% 박멸된다는 것이 블루오션로보틱스의 설명이다.

블루오션로보틱스의 목표는 병원 직원들이 이미 중점적으로 시행하고 있는 소독 과정을 완전히 대체하는 것이 아니다. UVD로봇은 로봇과 인간의 협력 작업에 무게를 두고 있다. 감염이 의심되지만 사람이 접근하기 위험한 상황이나, 집중적으로 소독작업을 진행할 필요가 있는 곳을 따로 설정할 수도 있다. UVD로봇은 사람들이 직접 자외선을 쐬지 않도록 병실 입구에서 설치된 태블릿을 통해 병실에 드나드는 사람을 살핀다. 사람이 있다면 소독 과정을 즉각 중단하는 식이다.

닐센 CEO는 "2018년 제품이 출시됐지만 병원 내 감염 문제는 글로벌한 이슈이기 때문에 유럽과 아시아, 중동 등에 빠르게 UVD로봇이 진출할 수 있었다. 블루오션로보틱스 전체가 다른 로봇 프로젝트들을 통해 병원들과 좋은 협업 관계를 유지하고

블루오션로보틱스 본사에서 〈매일경제〉와 만난 헨릭 베스터 앤더슨 CEO가 PTR로봇
에 대해 설명하고 있다.

있었기 때문에 UVD로봇 역시 쉽게 현장에 안착할 수 있었다"
고 평가했다.

블루오션로보틱스는 한번에 서너 명까지도 동시에 이동할 수
있는 PTR_{Patient Transfer and Rehabilitation}(환자 이송과 재활) 로봇 역시 외부
기관과의 탄탄한 협업을 통해 만들어냈다. 2016년 블루오션로
보틱스는 덴마크 코펜하겐의 질랜드대학병원과 코게대학 병원
과 공공-민간 파트너십_{Public-Private Partnerships}을 맺고 환자의 이송상
황에 관한 광범위한 분석 작업을 거쳤다. 아울러 기존 환자 이송
장비 사용의 약점과 문제 등을 알아내기 위해 수백 명의 요양 관
련 전문가 그룹을 인터뷰했다.

PTR로봇은 이동형 모듈식 혼자 리프트 로봇이다. 병원과 요

양기관 상황에 대한 광범위한 분석을 거쳤기 때문에 화장실 방문과 샤워, 침대 운송 등 다양한 시나리오에서 활용할 수 있게 설계됐다. 특히 기존의 리프트보다 유연성과 이동성을 보강해 탑승하는 노인이 균형을 잃으면서 발생하는 사고를 최소화할 수 있다는 평가다.

헨릭 베스터–안데르센Henrik Vester-Andersen PTR로봇 CEO는 "PTR 로봇은 60대 어르신도 단 2분이면 조작법을 숙지할 수 있다. 노인 이송을 담당하는 직원의 경우 신체적·정신적으로 매우 피곤하고 힘든 노동을 수행하는데, PTR로봇은 직원들의 업무 부하를 줄여 시니어에 더욱 집중할 수 있게 한다"고 설명했다.

블루오션로보틱스는 외부에 있는 '싹수 있는 스타트업'을 인수해 지원하기도 한다. 2019년 8월 슈터블테크놀로지스를 인수한 것이 대표적이다. 슈터블테크놀로지스는 빔 로봇으로 유명한 로봇 스타트업이다. 빔 로봇은 원격으로 요양보호사와 노인을 연결하는데, 로봇이 사람까지의 거리를 측정해 안전거리를 확보해 이동하고, 요양보호사는 원격으로 노인과 대화를 나눌 수 있다.

외스터가드 CTO는 "보통 스타트업 회사는 역량의 80%를 기술적인 문제를 해결하거나 경영관리에 활용하고 20%만을 세일즈에 활용하는데, 블루오션로보틱스는 인수하는 스타트업 회사를 위해 완전히 반대되는 모델을 제공할 수 있다"며 "블루오션로보틱스 전체 조직이 스타트업이 처한 모든 문제를 해결하고, 개별 스타트업 회사는 역량의 80% 이상을 세일즈와 전 세계 고객에 대한 서비스에 집중할 수 있도록 하고 있다"고 설명했다.

치매 환자도 액티브하게!
신기술 실험장,
덴마크 오케이 폰든

　　덴마크 오덴세시 중심부에서 약 15분여 떨어진 곳. 고급 단독 주택들이 길 양쪽에 가지런히 정돈된 거리 사이로 오케이 폰든Ok Fonden 요양원 건물이 모습을 나타냈다. 요양원 문들 열고 들어서자 푸릇한 나무 벽화로 장식된 널찍한 공동생활 공간이 기자 일행을 맞았다. 사방에 펼쳐진 나무 그림은 이곳 치매 노인들에게는 마치 정원에 와 있다는 착각을 불러일으키게 한다. 지금은 요양원에 머물고 있지만 정원을 갖춘 단독 주택에 거주했던 노인들이 많다는 점을 고려한 섬세한 배려가 건물 내벽에서 묻어났다.

　　덴마크의 이 요양시설은 글로벌 헬스케어 기술 적용의 모범 사례로 꼽힌다. 오케이 폰든은 다양한 연구 기관들과 협력관계를 구축하고 있다. 연구기관은 노인들을 위한 기술 개발에 대해

오케이 폰든 관계자들이 빔프로젝터를 이용한 반응형 게임 콘솔을 시연하고 있다.

조언을 받고, 시니어의 니즈는 제품의 실험과 연구단계에서부터 반영된다. 연구 단계에서부터 노령층의 니즈를 파악해 제품개발까지 이어지는 '살아 있는 연구실(리빙랩)' 역할을 하는 것이다.

최근 오케이 폰든에서는 반려 인형에 대한 연구가 진행 중이다. 사람 아기의 체중과 비슷한 4kg의 나무늘보 인형인데, 이 요양원에서는 치매 환자들이 이 인형을 들고 다니는 모습을 쉽게 찾아볼 수 있다. 품안에 꼭 안기는 구조로 설계돼 노인들에게 아기를 키웠던 경험을 상기시키는 효과가 있다. 덴마크 헬스테크 연구의 중심지로 꼽히는 덴마크남부대학교의 한 연구실의 제안으로 반려 인형이 개발됐고, 향후에는 센서 등을 부착해 이야기 들려주기, 대화하기 등으로 진화될 계획이다.

앤 달Anne Dahl 오케이 폰든 센터장은 "큰 기술적인 요소가 들어간 것은 아니지만, 인형은 여기 사시는 분들에게 큰 안정감을 주고 있다"며 "치매환자들과 상호작용하며 좀 더 친화력을 높일 필요성에 대해서 이야기했고, 연구진들은 향후 인형에 칩을 넣어 음악이나 음성을 넣는 방안을 모색하고 있다"고 설명했다.

달 센터장이 버튼을 누르자 요양원 거실 한 쪽 끝에 놓인 하얀 테이블이 천장 위에 달린 프로젝트가 내뿜는 조명으로 물들었다. 이 프로젝터는 적외선으로 사람의 동작을 인식해 다양한 반응형 활동이 가능하다. 일종의 의료형 게임 콘솔인데, 보육기관, 탁아소, 공공도서관과 학교에서 인지 문제가 있는 사람들을 위해 개발됐다. 이 기구는 치매 환자와 지적 장애가 있는 사람, 발달 장애가 있는 어린이 등 다양한 대상 그룹에 맞춤형으로 변형돼 사용된다.

달 센터장이 한 프로그램을 선택하자 테이블 위에 동그라미 모양의 이미지가 떠다니기 시작했다. 손으로 이미지들을 쓸어내리자 '이름navne', '어린아이Kaert barn', '많이 가지고 있다har mange' 등의 단어가 연속으로 등장했다. 이윽고 사라지더니 '어린아이는 많은 이름을 가지고 있다Kaert barn har mange navne'는 완성된 문장이 제시됐다. 달 센터장은 "프로젝트에 내장돼 있는 앱이 이미지를 생성하고, 노인들이 단어를 만지면 나타나는 구조로 언어적인 감각을 계속 활성화시켜주는 도구"라고 설명했다.

낙엽 쓸기, 숫자 계산하기, 다른 그림 찾기, 파리잡기 등 게임 콘솔이 제공하는 프로그램은 복잡하지 않았다. 다만 다채로운 색깔과 손동작에 따라 반응하는 음향은 이곳 노인들의 감각을 극대화한다. 달 센터장은 "꽃 이미지가 생성이 되면 이곳의 요양보호사들은 꽃과 관련한 과거 경험과 이야기를 공유할 수 있도록 유도한다. 구경만 하던 사람들도 자기 앞으로 이미지가 다가오면 본능적으로 운동에 참여하게 되는 효과가 있다"고 말했다.

이 콘솔의 가장 큰 역할은 노인들의 사회적 관계를 두텁게 하는 데 있다. 손주와 손녀가 요양원에 방문해 게임을 하면서 노인들과 함께 논다. 노인들의 생활공간만 쓱 둘러보고 가던 아이들이 함께할 놀이 공간이 생기면서 밥을 먹고 가겠다고 이야기할 정도로 요양원에 머무는 시간이 길어졌다. 지역 유아원의 방문도 크게 늘었다. 요양원이 어르신과 어린아이가 함께 호흡하는 놀이 시설로 변하면서 치매 환자들의 인지능력과 사회성 회복에 큰 도움이 되고 있다는 평가다.

지자체와도 협업 통해 일자리 늘려

오케이 폰든에서는 지방자치단체와의 협업도 이뤄지고 있다. 오덴세시는 치매 환자들을 위한 다양한 액티브 프로그램을 이곳에 적용하고 있다. 정기적으로 '룰루Lulu'라는 광대가 파견되는

Ok Fonden을 방문한 룰루가 이곳 치매 할머니와 즐겁게 이야기를 나누고 있다.

것이 대표적이다. 이날 '룰루'로 활동 중인 A씨(67세)는 광대 분장을 하고 요양원을 찾았다. 2004년까지 병원에서 간호사로 근무했던 A씨는 지자체에 지원을 받아 은퇴 후 새로운 일자리를 찾았다. A씨는 이날 요양원 곳곳을 누비며 노인들과 담소를 나눴다. 격앙된 몸짓과 높은 목소리 톤에 노인들은 룰루를 보며 깔깔대며 대화를 나눴다.

달 센터장은 "일회성 행사가 아니라 룰루가 요양원을 지속적으로 찾아와 노인들과 친숙해지고 마음을 터놓기 쉬운 관계를 맺고 있다. 치매 노인들이 말을 듣지 않거나 화를 내면 직원들이 어떻게 할 수 없는 상황에 내몰리는데, 룰루가 나서면 밥도 잘 먹고 춤을 추기도 하는 등 활동성이 커진다"고 설명했다.

이 요양원은 일체의 서류 작업을 하지 않는다. 예전에는 식사

등의 영양정보와 약 투여시간과 횟수, 화장실 이용 정보, 혈압과 심박수 같은 의료 정보들을 수기로 썼지만 모두 디지털화됐다. 각자의 방에 놓인 스크린을 통해 해당 정보가 노출되고, 요양보호사들은 일일이 서류를 찾지 않아도 약을 몇 시에 먹었는지, 목욕을 몇 시에 했는지 등을 확인할 수 있다.

노인들의 방에 설치된 로봇 기술은 요양보호사들의 업무 효율을 극대화하고 있다. 한 요양보호사가 버튼을 누르자 침대가 움직이기 시작했다. 병원에서 쓰는 침상은 상체만 들어 올리는 게 일반적이지만, 리모콘 하나로 100kg이 넘는 거구의 어르신도 완전히 일으켜 세울 수 있다. 또 다른 버튼을 누르자 천장에 설치된 레일이 이동했다. 어르신은 짚고 일어설 수 있는 보조기구를 잡고 방 곳곳을 쉽게 이동할 수 있다.

노인들보다도 이곳에 있는 요양보호사들이 로봇 장비로부터 더 큰 도움을 받는다. 거동이 불편한 거구의 어르신을 일으켜 세우고, 화장실까지 이동하기 위해서는 2~3명의 요양보호사들이 달라붙어야 했지만, 로봇의 도움으로 2~3분 만에 상황 정리가 가능해졌다. 60세가 넘으면 힘에 부쳐 은퇴 위기에 내몰렸던 요양보호사들도 로봇의 도움으로 퇴직 시기까지 마음을 놓고 일할 수 있게 됐다. 첨단 기술과 인간 노동력의 상생을 강조해온 유럽 로봇 기술 개발의 철학이 맞닿아 있는 지점이다.

특히 요양기관에서 로봇 등 첨단 기술의 적용은 더욱 절실해지고 있다. 유럽위원회European Commission에 따르면, 2060년 유럽인 기준 간병인 1명이 감당해야 하는 80세 이상 노인이 51명에 달한다. 노인 간병의 수요와 요양 서비스 공급간 차이가 극명하게 나타날 것이란 얘기다. 덴마크 역시 2013년 1만 431명에 달했던 요양보호사의 수가 5년 내리 감소세를 보이면서 2018년 6,819명까지 줄어들었다.

세계경제포럼은 노화 관련 전략정보를 발표하면서 "젊은 가족 구성원이 노인을 돌보는 데 1차 책임을 지는 사회 구조가 무너지고 있다"고 지적한 바 있다. 이 보고서에서 세계경제포럼은 "노인 간호 요구가 증가함에 따라 소위 '부양 경제'가 부상하고 있다. 새로운 연령의 현실에 충분히 적응하기 위해서는 장기 간호를 위한 저축 인센티브, 노인 간병인을 위한 더 많은 교육, 혁신적인 기술의 적용이 모두 중요할 것"이라고 지적했다.

젊은이 천국 시부야에
생긴 어르신 놀이터,
도큐플라자
- 쇼핑센터

    일본 도쿄의 중심가 시부야는 젊은이의 거리로 유명하다. 일본 관광에 익숙한 한국인들에게도 스크램블 횡단보도를 건너는 개성 넘치는 젊은이들이 이제는 자연스러운 풍경으로 다가온다. 일본에서도 청년층이 주도하는 최신 유행을 한 자리에서 볼 수 있는 곳으로 유명한 시부야는 말 그대로 '청년의, 청년에 의한, 청년을 위한' 공간이었다.

    그런 시부야에서 변화가 일어나고 있다. 저출산의 영향으로 시부야 거리를 주도하던 청년 세대가 점점 줄어들고 한때 이곳을 누비던 액티브 시니어들이 적극적으로 거리에 나서면서 '젊음의 거리'에서 '성숙한 어른'들이 즐길 수 있는 거리로 탈바꿈하고 있다.

2019년 12월 문을 연 '도큐플라자 시부야'는 시부야 거리의 변화를 드러내는 대표적인 상업시설 중 하나다. 일본 최대 부동산 업체 중 하나인 도큐東急부동산이 시부야역 니시西출구 인근 지역 재개발 사업을 통해 완공한 '시부야후쿠라스' 빌딩에 자리한 이 쇼핑센터는 전철역과 인접한 데다 1층에 버스정류장이 있어 먼 곳에서도 쉽게 찾아올 수 있다는 점이 장점으로 꼽힌다. 그러나 더 주목받은 것은 오픈 홍보 때부터 소비 타겟층을 시부야 거리를 주름잡는 젊은 세대가 아닌 50대 이상의 '성숙한 어른'으로 했다는 점이다. 40~60대 시니어층의 흥미를 분석해 각 층마다 배치했다. 식당, 건강, 미용, 취미, 라이프플랜 등 각 층마다 키워드를 정해 시니어가 한 곳에서 원하는 것을 해결할 수 있도록 했다는 점이 어필 포인트다.

매장에 들어서기 전부터 50대를 핵심 고객층으로 설정했다는 점이 느껴졌다. 1층에서 매장 입구로 이어지는 에스컬레이터는 다른 곳과 비교해 다소 느린 속도로 움직였다. 시니어를 배려한 점이 엿보이는 세심한 부분이다. 시부야의 상징으로 불리는 충견 '하치코'가 증강현실AR로 전시된 로비에는 누구나 앉아서 쉬면서 스마트폰을 충전하고 무료 와이파이를 이용할 수 있는 디지털 스페이스가 마련됐다.

입구를 중심으로 2층은 일본 특유의 라이프스타일과 문화를 즐길 수 있는 매장이 곳곳에 배치되어 있다. 상업 시설의 첫인상

60대 이상 시니어를 모델로 내세운 모습

을 좌우하는 공간인 만큼 세대를 불문하고 즐길 수 있는 요소로 접근했다. 패션 편집샵 '빔스'에서 운영하는 '빔스재팬'은 2016년 신주쿠에 이어 두 번째 매장을 도큐플라자 시부야에 문을 열었다. 전국 각지에서 생산된 특산물, 의류 등을 중심으로 일본의 제조기술을 소개하는 데 역점을 뒀다. 1호점과 달리 시부야가 가진 '스트리트 컬처'를 강화해 젊은 세대들도 즐길 수 있는 공간으로 만들었다.

옆에는 '아코메야 도쿄'라는 쌀을 콘셉트로 한 잡화점이 자리 잡았다. 일본 전국 각지에서 생산된 쌀을 엄선해 소개하고 원하는 쌀을 골라 5개 단계 중 원하는 정도로 도정해 구입할 수도 있다. 바로 옆에는 일본 음식만을 파는 식당도 있어서 바로 식사를 할 수도 있다.

이처럼 세대와 지역을 불문하고 누구나 즐길 수 있는 요소를 반영했다는 점은 지금까지 젊은 세대만을 공략해온 시부야 쇼핑센터에서는 볼 수 없는 풍경이었다. '모든 세대가 공감할 수 있는 일본'에 집중했다는 점에서 평소 지역 특산물을 접하기 어려웠던 일본인들은 물론, 외국인 관광객들에게도 큰 호응을 얻고 있다.

3층부터는 패션, 화장품, 잡화 등 액티브 시니어들의 취향을 저격하는 제품을 한데 모아 취향 공략에 나섰다. 특히 역사와 전통을 가진 일본 노포老鋪에서 만든 제품들은 젊은 세대가 쉽게 구입하기 어렵다는 점을 생각해보면, 시니어들의 눈높이에 맞췄다는 것을 알 수 있다. 전통 일본도日本刀를 228년째 만들어온 니혼바시기야日本橋木屋, 105년 전통 염색제품 전문점 분자부로片山文三郎 상점, 요코하마 모토마치元町의 레이스 제품 전문점 지카자와 레이스점 등 도큐플라자 시부야점 3층에 자리 잡은 매장들은 예전이라면 시부야에서 찾아보기 어려웠을 매장들이다.

같은 층에는 컨셉스토어111이 문을 열었다. 매월 새로운 주제를 정해 4개 브랜드를 팝업스토어로 선보인다. 오더메이드, 커스터마이즈, 오리지널 굿즈 등 111에서만 구입할 수 있는 한정 상품을 통해 액티브 시니어의 구매 욕구를 자극하고 있다.

4층은 층 전체를 미용과 건강을 주제로 잡았다. 스포츠브랜드 아식스는 발모양을 측정해 발에 맞는 신발을 구입할 수 있는

고령자 고객과 대화를 나누고 있는 페퍼

아식스워킹 매장을 선보였다. 보청기 제조업체 도쿄히어링케어
센터 매장에서는 방음실에서 청각 측정이 가능하며 제품을 테스
트해볼 수도 있어 보청기에 거부감을 가진 고령자들에게 체험해
볼 수 있는 기회를 제공하는 것을 최우선으로 하고 있다. 양·한
방 제약사의 건강식품 판매 코너도 마련돼 고령자들의 건강 상
담에도 나서고 있다.

특히 이목을 끈 매장이 5층에 자리 잡은 페퍼 팔러Pepper parlor다.
인공지능AI 로봇 개발에 나서온 소프트뱅크로보틱스가 처음으로
선보인 카페다. 이 매장은 들어서는 순간 직원이 로봇이라는 점
에서 놀랄 수밖에 없다. 매장 입구에 들어서면 인간의 모습을 한
로봇 '페퍼' 5대가 마치 호텔 데스크의 호텔리어처럼 고객을 맞
이한다. 전시가 목적이 아니다. 로봇들이 자리를 안내하고 주문

까지 받는다. 고객의 눈을 응시하면서 추천 음식을 제안하거나 농담을 던지기도 한다. 카페 내부에 배치된 로봇은 자리를 옮겨 다니며 고객과 가벼운 대화를 나누거나 퀴즈를 내는 등 접객 업무를 담당한다. 로봇에 익숙하지 않은 나이 지긋한 고객들도 다가와 말 거는 페퍼를 손자에게 하듯 친근하게 대했다.

매장 한가운데는 위즈Whiz라는 청소로봇이 돌아다니며 청결을 책임진다. 미리 지정해놓은 범위 안에서 15분 동안 움직이기 때문에 거동이 불편한 고객이 왕래하는데도 걸림돌이 되지 않아 고령 고객도 안심하고 이용할 수 있다.

도큐플라자 시부야와 같이 액티브 시니어를 대상으로 한 상업시설이 시부야 곳곳에 들어서면서 거리의 분위기가 바뀌고 있다. 2012년 시부야 히카리에 개점 이후 시부야 캐스트, 시부야 스트림, 시부야 솔라스타 등 새로 문을 연 가게의 타깃 고객층은 50대 이상 시니어였다. 시부야가 더 이상 젊은 세대의 전유물이 아닌 모든 세대가 즐길 수 있는 거리라는 인식을 심기 위해 유통업체들이 나선 것이다. 특히 구매력을 가진 시니어층의 취향을 고려한 브랜드는 방문객들의 실제 구매로 이어지면서 상권 활성화에 기여하고 있다. 이는 쇼핑몰에서의 면적 증가로 이어지면서 상업적으로도 긍정적인 요소로 작용하고 있음이 증명되고 있다. 〈니혼게이자이신문〉에 따르면, 지난해 시부야의 전용 상업시설 총면적은 135만㎡로 2016년 대비 10만㎡ 증가했다. 현재 재개발이 진행 중인 상업시설이 완공되면 이 수치는 더 증가할 것으로 예상된다.

이처럼 시부야의 상점가들은 액티브 시니어를 위한 요소를 적극적으로 반영하면서, 기존에 시장을 이끌던 청년 세대도 동시에 수용하는 것이 목표다. 시부야에 상권이 형성될 때부터 거리를 주도해온 청년 세대들이 나이가 들면서도 즐길 수 있는 거리를 만들면서 자연스럽게 지속가능한 쇼핑거리로 만들겠다는 것이다. 단지 '젊은 거리'라는 인식만으로는 고령화되는 인구 구조에서 돈을 가진 소비자에게 외면받을 것이라는 예측이 지배적이기 때문이다. 긴자, 다이칸야마 이미 고급 상점가가 형성된 도쿄 내 경쟁지역에 비해 취약했던 시부야의 시니어 대상 마케팅은 이제 '새로운 어른'을 제시함으로서 반전을 꾀할 준비를 하고 있다.

꾸준히 진행되는 시부야의 상점 개혁은 2020년 도쿄올림픽을 계기로 효과가 증명될 것으로 보인다. 방일訪日 관광객 급증으로 돈 쓸 곳을 찾는 소비자가 늘 가능성이 크기 때문이다. 시부야 유통업체들의 노력이 어떤 결실을 맺을지 귀추가 주목된다.

노인 응대 인증제 검토하는
일본 금융업계
- 금융서비스

    초고령사회를 맞은 일본의 가장 큰 고민 중 하나는 고령자들의 자산관리다. 〈니혼게이자이신문〉에 따르면, 2015년 시점에서 일본의 개인금융자산은 약 1,800조 엔(약 1경 8,000조 원)에 달한다. 이중 75세 이상의 고령자가 가진 비중이 약 22%로 추정된다. 고령자수 증가에 따라 이 수치도 지속적으로 증가할 것으로 예상된다.

    문제는 이 자산이 효율적으로 활용되지 않고 있다는 점이다. 제로금리를 넘어 마이너스 금리 시대에 장롱 속에 갇힌 돈은 좀처럼 밖으로 모습을 드러내지 못하고 있다. 고령자가 경제 동력의 주체가 되도록 하기 위해서는 그들에게 딱 맞는 금융상품 개발이 필요하다는 인식이 확산되기 시작했다. 이 같은 문제를 해

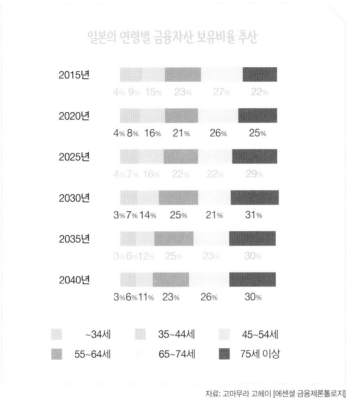

결하기 위해 일본에서는 금융기관과 대학이 연계해 시니어 대상 서비스 개발에 나서고 있다. 건강 상태나 인지기능을 고려해 자산운용을 제안하거나 금융상품을 개발하는 것이 목표다. 경제학뿐만 아니라 심리학, 의학 등 다양한 분야에서 전문성을 가진 대학들과 연계해 고령자 대상 금융 서비스를 구축하려 하고 있다.

일본 금융업계에서는 기대수명 증가에 따라 100세까지 살아갈 사람들을 위한 서비스 마련을 고민하고 있다. 지금까지는 청년을 대상으로 하는 주택대출이나 은퇴 세대를 위한 퇴직금 운용을 중심으로 서비스를 진행해왔으나 고령자 고객을 위한 서비스는 부족하다는 지적이 이어진 데 따른 것이다.

특히 고령자의 경우 리스크 방지를 위해 연령에 따라 영업을 제한하는 경우도 있다. 인시기능을 판단하는 기준이 마련되지 않은 상황에서 어떤 문제가 발생할지 예측하기가 어렵기 때문이다. 시니어 고객들은 보유 자산을 통해 자신의 상황에 맞는 금융 서비스를 받으려고 해도 이 같은 상황에서 충분한 대응을 받지 못하고 있어 금융기관에 대한 만족도가 높지 않다. 이 같은 인식 속에서 금융기관이 먼저 시니어 고객을 이해해야한다는 움직임이 일고 있다.

노무라증권과 미쓰비시UFJ신탁은행은 게이오대학교와 함께 2019년 4월 '일본금융제론톨로지협회'를 설립했다. 고령사회에 맞는 금융서비스는 어떤 식으로 만들어져야 하는지를 금융기관과 대학이 함께 연구하고 금융업계 전반이 공유하는 형태로 확산해나가는 것이 목표다. 나이가 들면서 나타나는 신체의 변화가 경제·사회활동에 어떤 영향을 끼치는지 경제학뿐만 아니라 의학, 심리학 등 다양한 학문을 통해 종합적으로 분석하고 연구한다.

일본금융제론톨로지협회 가카이 로쿠로 이사(왼쪽)와 야마다 히로유키 이사

다음은 일본금융제론톨로지협회 가카이 로쿠로 이사(업무부장)와 야마다 히로유키 이사(총무부장)과의 일문일답이다.

Q 협회 설립 경위는 어떻게 되나

가카이　노무라증권과 미쓰비시UFJ신탁은행은 이미 게이오대학교와 공동연구를 각자 진행해왔다. 고령자 문제는 사회적인 해결 과제이기도 하고 국가의 과제 그 자체이기 때문에 기업이 따로 진행하기보다 함께 해결해야 한다. 그런 의미에서 올재팬으로 과제를 해결해야 하지 않냐는 공감대가 형성됐고 2019년 4월 협회가 설립됐다. 현재까지 금융기관 16개 업체가 가입해 고령 문제 해결을 공동으로 연구하고 있다.

Q 일본에서 금융노년학이 관심을 받은 건 언제부터인가

가카이   2010년쯤부터다. 노년학 자체는 미국에서 들어온 학문이지만 금융노년학은 일본에서 최근에 시작된 개념이다. 일본의 고령화 진행 상황을 생각하면 늦은 편이다. 일본에서는 게이오대학교를 중심으로 연구가 진행되고 있다.

Q 현재 협회에서 가장 중점을 두고 진행하고 있는 사업은 무엇인가?

가카이   먼저 직원 대상 연수프로그램을 만들었다. 2019년 10월께부터 운영을 시작하고 있다. 금융기관 종업원들은 고령자와 접할 기회가 많다는 점에서 영업 현장에서 고령자 문제에 어떤 식으로 대응할 수 있는지를 교육한다. 예를 들면 은행의 ATM을 이용하던 중 비밀번호를 잘못 입력해 돈을 인출하지 못한다거나 통장을 여러 차례 재발행하는 경우, 은행 상품 설명을 잘 이해하지 못하는 경우 등이 있다. 점포를 방문한 고령자 고객에 대한 문제에 업계 공통의 고민거리가 생기면서 공동으로 대응에 나서야 한다는 공감대가 형성됐다. 협회에서 금융상품 개발까지는 검토하고 있지 않다. 그러나 고령자 대응은 사회적 약자 대응으로 이어지는 측면이 있어서 지속적으로 연구해야 한다는 인식은 공유하고 있다. 특히 특수사기 사건이나 보이스피싱과 같이 고령자의 심리를 악용하는 사례가 속출하면서 금융기관 직원들을 대상으로도 교육의 기회로 활용하고 있다. 모든 교육의 전제조건은 직원들이 고령자의 몸과 마음의 변화를 이해하는 것부터 시작한다.

Q 일본의 고령화 문제가 어제 오늘 일이 아닌데 지금 금융노년학에 집중하는 이유는 무엇인가?

야마다　협회가 설립된 것은 공동연구를 위한 목적도 있지만 '인생 100세 시대'로 불리는 시기에 여러 현장에서 고령자 대상 문제가 고조되고 있기 때문이다. 업체마다 각각 다른 고민을 갖고 있지만 사회 변화에 따른 공통의 고민도 존재하는 것이 필연적이다. 우리는 이 같은 문제인식을 공유하고 과제 해결에 나서려고 한다. 우선 지금 진행 중인 교육은 현장에서 일하는 사람들이 보다 쉽고 편하게 커뮤니케이션을 할 수 있는 노하우를 공유하는 것이다. 이런 움직임이 바로 비즈니스로 이어질지 확인하는 데는 시간은 걸릴 것으로 보지만, 먼저 시니어를 대응하는 사람들의 마음가짐부터 바꿔야 한다고 판단했다.

Q 강의는 어떤 식으로 진행되고 있나?

야마다 현재 23개 강의로 구성돼 있으며 이수하려면 370분이 걸린다. 다소 길다는 의견도 있지만 시니어 대응 전문가 육성을 위한 필수적인 내용을 포함하고 있다. 통신업체 NTT도코모에서 운영하는 J-MOOC 플랫폼 '각코'를 통해 온라인 강습으로 진행되고 있다. 현재 시즈오카은행, 후쿠오카은행 등 지방은행도 합류하고 있는데 전국에서 온라인으로 강습할 수 있다는 점에서 앞으로 다른 지방은행이 점점 늘 것으로 기대된다. 2021년 4월 이후에는 자격인증을 만들 계획이다. 연수를 받은 사람이 '고령자 대응 스페셜리스트'라는 점을 강조해 고령자에게 친근한 금융기관으로 다가서려 한다.

Q 아직 협회의 규모가 작은데 앞으로 운영 방침은 어떤가?

가카이 지금 교육하고 있는 16개 업체 외에도 문의는 꾸준히 들어오고 있다. 지금은 금융에 특화되어 있지만 앞으로 비금융 업종과도 연계할 수 있는 여지가 있을 것으로 기대하고 있다. 최근 핀테크 등 신기술을 접목하는 방안도 모색할 수 있다.

다양한 학문이 금융과의 융합을 시도하고 있는 가운데, 특히 주목받고 있는 것이 의학이다. 시니어의 신체 건강 상태에 따라 어떻게 대응해야 할지를 정확하게 분석할 필요가 있기 때문이다. 2018년 7월 설립된 일본의사결정지원추진기구는 치료나 수술에 관하여 환자에게 동의를 구하는 방식을 금융에도 응용하고 있다. 치료에 동의하는 것과 금융상품에 가입하는 것이 리스크 판단이나 의사결정 측면에서 닮아 있다는 것에 착안했다. 일본 금융기관 중에서는 미쓰이스미토모신탁은행이 의료 현장에서 자리 잡은 이론을 바탕으로 금융상품 개발에 착수한 상황이다.

미쓰비시UFJ신탁은행은 2019년 8월 도쿄대학교, 소프트뱅크와 함께 혈액검사로 건강연령을 추정할 수 있는 기술 개발에 착수했다. 추정치로부터 역산해 시니어 대상 자산운용 계획을 만들거나 알츠하이머 예방 등 건강관리와 연계할 수 있을 것으로 기대하고 있다. 일본 금융청도 시니어 대상 금융상품이 적극적으로 개발될 수 있도록 규제 완화에 나서고 있다. 현재 일본에서는 신규 고객 중 75세 이상에게 금융상품을 판매하기 위해서는 지점의 과장급 이상에게 사전 승인을 받아야 한다. 80세 이상의 경우는 신청 후 1일이 지나야 계약이 성립되도록 시간 차이를 두는 조치를 두고 있다. 나이가 들수록 기억력과 이해력이 저하되기 때문에 고령자가 금융상품에 대한 이해를 충분히 하지 않은 상태에서 가입해 발생하는 피해를 최소화하기 위해서다.

그러나 건강을 유지하면서 나이 드는 액티브 시니어가 늘면서, 지금까지의 규제가 투자를 원하는 고령자의 의지를 꺾는다는 지적이 나오고 있다. 인지기능에 문제가 없고 투자 경험이 많지만 연령을 기준으로 제한하면 액티브 시니어가 가진 막대한 개인 금융자산을 사각지대에 놓이게 만드는 것이나 마찬가지라는 것이다.

이 같은 문제점을 개선하기 위해 거래를 원하는 액티브 시니어의 건강상태를 측정하는 방법을 강구하고 있다. 현재도 시니어가 온라인을 통해 스스로 계정을 만들어 거래를 진행하고 있는 경우에는 제한을 두지 않고 있다. 향후 인공지능을 통해 시니어의 거래 동향을 분석해 인지기능과 판단능력 상태를 판단하는 기능을 추가하는 방안도 염두에 두고 있다.

5장

욜디락스를
위한 준비,
액션 플랜

정년 연장 말고
정년을 없애라

"획일적인 정년을 고집하지 말고 나이와 임금 프리미엄에 관한 새로운 틀을 짜라." 스테파노 스카페타 경제협력개발기구OECD 고용노동사회국장은 미래의 신성장 동력으로 떠오른 욜드가 노동시장에 계속 참여하도록 만들려면 한국은 강도 높은 임금과 은퇴 체계의 혁신에 나서야 한다고 주문했다.

프랑스 파리 OECD에서 〈매일경제〉와 만난 그는 "30년 전까지만 해도 60세 이상의 사람들은 일할 수 없었지만, 지금은 건강하게 일을 할 수 있게 됐고, (100세 인생을 가정했을 때)전체 인생의 40%가 남은 사람들이 이제는 사회의 부담이 아닌 경제 성장의 원천이 됐다"며 "하지만 연공서열에 따른 임금 구조가 강한 한국은 정년을 앞둔 노동자들에게 강한 퇴직 압박을 주고 있다"

프랑스 파리 OECD 사무실에서 스테파노 스카페타 OECD 고용노동사회 국장이 〈매일경제〉와 만나 인터뷰 하고 있다

고 설명했다.

　실제 한국은 연공서열에 따른 임금 구조가 노동시장에 가장 강하게 자리 잡은 것으로 나타났다. OECD가 2019년 8월 발표한 〈나이 든 사람과 더 잘 일하기Working better with age〉 보고서에 따르면, 한국은 40세~49세와 50~59세 사이의 임금증가율Age-wage Premium이 24.6%로 조사에 응한 OECD 회원국 가운데 증가폭이 가장 컸다. 17개 OECD 조사 대상국들의 평균치는 11.9%로 한국은 이를 두 배 이상 추월했다.

　특히 한국의 욜드는 '더 일하고 싶다'는 욕구가 큰 상황이다. OECD에 따르면 한국의 실제 은퇴연령Effective retirement age은 2018년 남성 기준 72.3세로 OECD 회원국 중 가장 높은 수치를 기록

국가	비율
오스트리아	12.3
벨기에	14.1
캐나다	13.3
덴마크	6.0
핀란드	9.7
프랑스	13.3
독일	10.4
이탈리아	12.8
일본	18.4
한국	24.6
네덜란드	7.7
노르웨이	6.7
스페인	12.7
스웨덴	7.0
영국	9.9
미국	14.8
호주	8.5
조사국 평균	11.9

자료: OECD

했다. 이는 일본(70.8세)보다도 높고, OECD 평균(65.4세) 역시 크게 웃돌았다. 아울러 남성 기준 한국의 실제 퇴직연령이 1970년부터 2000년 사이 65.7세에서 67세로 1.3세 증가했던 것을 고려하면 2000대 이후 증가폭(5.3세)이 매우 가파르다.

다만 스카페타 국장은 한국의 노동시장을 고려하면, 이상적인 정년을 특정하기 어렵다는 답을 내놨다. 한국의 의무 정년이 60세인데 반해 많은 노동자가 그 이후까지 노동시장에 머물고 있기 때문이다. 의무 정년이 연금 지급의 출발점이라는 인식이 강한 유럽권과는 달리 한국은 고용 보장의 성격이 강하다는 점 역시 고려할 부분이다.

그는 "한국의 경우 의무 정년인 60세 전까지는 정규직으로 일하다가 의무 정년을 전후해 비정규직으로 일하는 식"이라며 "연공서열 방식의 임금 체계는 나이가 증가하면서 임금과 생산성에 대한 논란이 생기는 구조로, 덜 규제적인 체계에 따라 상대적으로 젊은 노인층을 재고용하고, 임금을 훨씬 낮출 수 있다면 더 많은 제도적 유연성을 가질 수 있다"고 평가했다.

스카페타 국장은 욜디락스가 현실화하려면 고령층의 적극적인 노동시장 참여가 전제되어야 한다고 지적했다. 각 국가 간 양상은 크게 다르지만 모든 OECD 회원국에서 평균 은퇴연령이 올라가고 있고, 앞으로는 경제활동 가능 인구Working age가 줄어들어 잠재적으로 국가 경제에 부정적인 영향을 미칠 것이란 배경에서다.

특히 OECD 국가 중에서는 가장 빠르게 늙어가는 한국으로서는 산업의 지속적인 성장을 위해 대응책 마련이 절실한 상황이다. OECD는 한국의 중위연령Median age이 2018년 42.6세에서 2050년 56.4세로 증가할 것으로 전망하고 있다. 한국의 2050년 중위연령은 OECD 국가 중에 가장 높고, 2050년까지 향후 증가 속도 역시 13.8세로 OECD 국가 중에 가장 진행 속도가 빠르다.

그는 산업의 디지털 전환이 노령층 고용 확대의 돌파구가 될 것으로 내다봤다. 디지털 기술이 노동 환경을 빠르게 바꾸어 나가고 있고, 욜드가 가진 디지털 기술 이해도가 이들의 고용 가능성의 지평을 더 크게 열어갈 것이란 이유에서다. 특히 그는 한국의 욜드가 뛰어난 정보통신(IT) 이해도를 가지고 있는 만큼 유리한 환경에 놓여 있다는 평가도 내놨다.

스카페타 국장은 "스마트폰의 수많은 애플리케이션을 활용하면 현재 고령 노동자들은 20년 전의 노동자들보다 훨씬 더 일을 잘할 수 있다"며 "더 편리한 방식으로 의사소통을 할 수 있고, 재택근무와 파트파임 등으로 많은 근무 유연성을 누릴 수 있다"고 설명했다.

이어 그는 "한국의 베이비붐 세대들은 다수가 대학교육을 받는 등 교육 수준이 높고 훌륭한 디지털 기술을 보유하고 있다"며 "많은 노동자가 디지털 전환과 관련한 미래 일자리에서 일하게 될 것인데, 이들이 가진 디지털 기술에 대한 자신감Digital Confidence은 젊은 노동자들과의 격차를 상당히 줄일 것"이라고 강조했다.

고령 친화는 잊어라,
세대 친화여야 성공한다

고령화로 인한 인구구조 변화는 사회에 다양한 의문점을 던진다. 경제 성장이 두드러지고 활기가 넘치던 사회에서 은퇴세대를 맞은 60대 이상 고령자의 숫자가 늘어나고 신생아는 태어나지 않는 전혀 다른 사회가 전개된다. 전문가들은 이 같은 상황에서 시니어들이야말로 앞으로 진정한 경제생활의 주체로 자리매김할 것이라는 사실에 주목하고 있다.

이는 지금까지 사회가 고령자에게 가진 편견을 깨야 볼 수 있는 관점이다. 늙으면 생각이 굳고, 필요 이상의 물건은 사지 않고, 인생을 즐길 줄 모를 것이라는 생각에서 벗어나야 진정으로 그들이 필요한 것이 무엇인지 알 수 있게 된다.

사카모토 세쓰오 인생100년시대미래비전연구소 소장 역시 고

사카모토 세쓰오 인생100년시대미래비전연구소 소장

령자라는 틀에 갇혀 시니어를 생각하면, 마케팅은 실패로 돌아간다고 지적하는 대표적인 인물이다. 건강이나 돌봄 등 사회적으로 고령자를 지탱하기 위한 지원책은 마련돼야 하는 것은 맞지만 그들의 심리를 자극하기에는 역부족이다. 어느 세대에나 즐기고자 하는 심리는 있고, 시니어에게 그 기회를 제공하는 것은 기업이 살아남기 위해서 당연히 해야 할 필수 요건이라는 사실이다.

사카모토 소장은 일본 최대 광고대행사 중 하나인 하쿠호도에서 엘더elder 비즈니스에 관한 연구를 지속해서 진행해온 대표적인 시니어 마케팅 연구가다. 2011년 새로운 어른문화연구소를 설립하면서 더욱 다양한 기업들에 시니어 비즈니스의 중요성을 전해왔다.

사카모토 소장은 인구구조가 급격하게 변화하는 상황에서 고령자에 대한 인식 변화는 더디게 진행되고 있는 점이 문제라고 지적했다. 그는 "고령화는 진행되고 있지만, 나이가 들어도 젊었을 때 즐기던 문화를 누리려는 움직임은 이어지는데도 '늙은이'라는 고정관념으로 마케팅을 진행하기 때문에 성공하지 못하는 경우가 많다"며 "제품을 만드는 30~40대가 60대 이상을 위한 제품을 만들면서도 소비자의 관점에서 생각하지 못하고 고정관념에 사로잡혀 접근하기 때문"이라고 지적했다.

한국에 앞서 고령화가 진행된 일본이지만 기업들의 인식이 바뀌는 데는 오랜 시간이 걸렸다. 사카모토 소장은 "일반적으로 시니어라는 단어에는 '내려갈 길만 남은 사람'이나 '인생이 끝나버린 사람' 등 부정적인 인식이 강해 그들을 대상으로 마케팅을 하는 것에 거부감을 느끼는 기업 임원들이 많았다. 장기적인 고령화 문제를 겪은 일본에서도 그 인식이 잘못되었다는 것을 최근에야 알아차리기 시작했다"고 말했다.

세대 맞춤형 건강 지원 프로그램 마련해야

최근 건강한 시니어가 늘어나면서 이를 계기로 사회적 비용이 감소하면 경제적인 효과도 기대할 수 있을 것으로 내다봤다. 사카모토 소장은 "예전에는 나이가 들면 케어 비용이 필요할 것이라는 판단에 따라 당장 소비는 줄이면서 보험에 투자하는 경향이 있었다. 그러나 이제는 나이가 들었다고 해서 무조건 보살핌을 받아야 한다고 단정 지을 수 없다"고 분석했다. 〈니혼게이자이신문〉에 따르면, 2016년 일본의 65세 이상 고령자 중 돌봄 관리를 필요로 하는 사람은 전체의 17.6%를 차지했다. 75세 이상에서는 이 비중이 31.3%로 상승했다. 이를 토대로 2025년까지 고령자가 늘어나면, 의료 및 돌봄 비용이 2016년 대비 1.5배 늘어난 75조 엔(약 750억 원)을 기록할 것이라는 추산이 나온다. 천문학적인 액수가 노인 병간호를 위해 낭비될 가능성이 크다는 예측이다.

사카모토 소장은 이를 긍정적인 요소로 끌어들이기 위해서는 세대 맞춤형 건강 지원이 필요하다고 지적한다. 그는 "고령자의 건강을 유지하는 쪽으로 지원한다면 병간호 비용을 줄여나갈 가능성도 커질 것"이라며 "건강보조식품, 스포츠클럽 등 건강관리를 위한 투자가 늘면서 시니어 대상 비즈니스의 중요성이 커질 가능성이 크다"고 분석했다.

사카모토 소장은 "한국과 일본의 상황은 베이비붐 세대가 여러 변화를 일으켰다는 점에서 유사하게 흘러갈 것으로 본다. 일본이 먼저 시행착오를 겪었더라도 한국에서 시니어 비즈니스가 성공하면 서로 배우면서 양국이 우호 관계를 이어가는 계기로 삼을 수도 있을 것"이라고 말했다.

욜드 스타트업에
지원하라

IBM에서 소프트웨어 엔지니어로 30년 넘게 일했던 인도계 개발자 새티쉬 모바Satish Movva는 어느 날 노인들이 낙상 사고로 많은 어려움을 겪는다는 사실을 알게 됐다. 보통 사람이었다면, 넘어진 이후에 어떻게 해야 잘 치료할 수 있을까를 고민하겠지만 개발자 출신인 모바는 좀 다른 생각을 했다. 넘어지기 전에 이를 예견하는 증상이 있다면 이를 파악해 낙상사고를 미연에 방지할 수 있겠다는 생각에 이르렀다.

이 같은 문제의식을 발전시켜 그가 만든 스타트업이 케어프레딕트Care Predict란 회사다. 노인에게서 나오는 여러 데이터를 분석해 평소와 다른 무언가가 있으면 알람을 울리는 시스템이다. 노인은 손목에 시계처럼 생긴 스마트 디바이스를 두르고 생활하게 된다. 여기서 온갖 데이터가 취합·분석된다. 예를 들어 디바이스를 찬 노인이 화장실을 자주 찾으면 배뇨기 계통에 이상이 있을 확률이 높다. 부엌에 미무는 시간이 줄어든다는 것은 식사를 자주 걸러 영양실조에 빠질 가능성이 높은 것으로 분석된다. 침대에서 자주 나오지 않고 이불에 머무는 시간이 길어지면 우울증에 걸릴 확률이 높아질 것으로 추론했다.

케어프레딕트의 가설은 맞이떨어졌다. 이들은 임상 진단보다 케어프레딕트의 플랫폼이 3.7일 앞서 요로감염을 예측하고, 약 2주 전에 우울증을 미리 진단할 수 있는 통찰력을 보여줬다는 분석 결과를 내놨다. 한 시니어 커뮤니티에 자사 서비스를 시범 서비스한 결과 낙상이 25%나 줄었다는 연구결과도 내놨다. 참신한 분석에 실리콘밸리 투자자금이 움직였다. 케어프레딕트는 2019년 초 세코차벤처스Secocha Ventures, 라스올라스벤처스Las Olas Ventures 등이 이끄는 시리즈A 투자에서 950만 달러(약 111억 원) 규모의 투자를 끌어냈다. 모바 CEO는 "전 세계 6억 명이 넘는 사람들이 병간호 서비스를 원하고 있다"며 "기술로서 의료 격차를 해소하고 양질의 치료를 받을 수 있음을 입증했다"고 말했다.

한국에서도 비슷한 시도가 이어지고 있다. 2019년 11월 실버 케어 통합 플랫폼 회사인 케어닥이 D3쥬빌리파트너스로부터 프리시리즈A 투자를 따낸 것이 대표적인 사례다. 케어닥은 전국에 있는 2만 3,000여 개의 요양 시설에 대한 상세한 정보를 제공하며 간병인과 실버세대를 매칭해주는 역할을 한다. 간병인 사납금, 월회비 등을 최소화해 투명성을 높였고 네이버를 능가하는 상세한 요양시설 자료를 제공해 시니어 세대와 부모를 부양해야 하는 자녀세대 관심을 증폭시켰다. 2019년 말 기준으로 월 7만 명 이상이 케어닥을 통해 부모님에게 가장 잘 맞는 요양병원과 요양원을 검색한다. 평가등급부터 가격정보, 근로 인력 등 26개의 세부 정보를 편리하게 검색할 수 있다. 이 같은 가치를 인정받아 벤처캐피탈이 케어닥 투자에 들어간 것이다. 비슷한 시기 욜드테크 벤처인 한국시니어연구소가 네이버 산하 벤처캐피털 스프링캠프와 본엔젤스로부터 약 4억 원의 시드 투자 유치에 성공한 것도 같은 맥락이다. 이 회사는 서울과 경기도 지역을 대상으로 직영 요양기관을 운영하며 실버세대를 위한 다양한 기술 개발을 하는 회사다.

욜드 스타트업의 가치는 단순히 노인을 의료의 대상으로 바라보는 것에 그치지 않는다. 특히 노인이 자신의 경험을 바탕으로 욜드의 문제를 해결하는 스타트업에 투신하는 것은 적잖은 의미가 있다. 욜드가 소비자의 역할에서 벗어나 생산자의 역할도 얼마든지 수행할 수 있다는 걸 보여준다. 창의력으로 똘똘 뭉친 창업가와 욜드가 만나면, 의미 있는 시도가 나올 수 있다. 한국의 욜드 세대와 글로벌 청년 세대를 연결하는 스타트업 세이글로벌SAY GLOBAL이 대표 사례다. 글로벌 전역에서 한국어를 배우고자 하는 외국인은 세이글로벌 애플리케이션을 통해 한국 욜드 세대 한국어 강사를 구할 수 있다. 여기서 일하는 한국어 강사의 70% 이상이 65세 이상 욜드 세대다. 이 회사는 2014년 용산노인복지관에 있는 시니어와 미국 프린스턴대학교 외국인을 연결한 봉사활동에서 싹을 틔웠다. 조용민 세이글로벌 대표가 미국 프린스턴대학교를 졸업한 뒤 용산노인복지관에서 군 복무를 하다가 아이템을 떠올렸다. 봉사활동으로 시작한 사업이 몸집을 불려 2016년 소셜벤처로 전환되었다. 강사로 참여한 욜드 세대는 1시간의 수업을 위해 그보다 훨씬 많은 시간을 강의 콘텐츠 준비에 할애하는 열정을 보였다.

욜드를 잡아야
대학이 산다

한국 대학교의 학생 수는 2012년 최대치를 찍고, 지속해서 줄어드는 중이다. 대학교의 숫자는 2013년 이래로 340여 개가량 유지되고 있다. 하지만 대학교 신입생 수는 점차 줄고 있다. 이에 따라 대학교 교원 수도 변화가 생겨나고 있다. 2007년 이후 증가 추세였으나, 2017년에 정점을 찍은 이후 지속해서 감소하고 있다. 인구구조가 달라지면서 그 여파로 대학교도 통폐합을 겪고, 활기를 잃어가고 있는 모습이다. 늘 고학력 젊은이들 사이에서 인기가 높았던 직종이었던 '대학교 교수'의 안정성도, 지금은 교원 수 감소와 대학교 구조조정이 필연적인 순서가 되면서 사라지고 있다.

대학교가 다시 살아나고, 진정한 교육의 장이 되기 위한 첫 번째 해법은 '욜드의 유입'이다. 유럽연합의 분석에 따르면, 2020년에 기초 교육과 취업한 이후의 교육, 사업상 교육과 특정직업과 관련한 e-러닝까지 연계 교육의 가치는 전 세계적으로 532조 5,240억 원가량으로 추산됐다. 특히 고령자의 고등교육과 관련해 일부 교과목이 마련된 체코를 비롯한 특정 유럽연합 국가에서의 가치는 200만 유로(26억 1,974만 원)이지만, 정규 교육 프로그램 등록이 가능한 영국 등은 그 100배인 2억 유로(2,619억여 원) 이상이다.

고령자들의 재교육 및 고등교육에 대한 열망은 상당히 높다. 현재 미국 하버드대학교에서는 은퇴했거나 연령대가 있는 학생들을 대상으로 한 계속교육Harvard Extension School 혹은 Division for Continuing Education의 학생 수가 하버드대 자체 학생 수보다 더 많은 실정이다. 한국에서도 고등교육을 희망하는 고령자의 수가 매년 늘고 있다. 한국직업능력개발원에 따르면, 60세 이상 박사학위 취득자 수는 2015년에 288명이었으며, 매해 수십 명씩 늘어나 2019년에는 406명이 됐다. 고학력 학업 의지가 강한 고령자들도 늘어나고 있다는 점을 보여주는 지표다.

사실 시간과 금전적 여유가 필요하므로 박사 과정에 접근할 수 있는 고령자는 제한적이다. 다양한 학습 욕구를 충족시키는 프로그램이 마련돼야 하는 이유다. 하지만, 한국에서는 하버드대와 같이 대학교에서 평생학습 차원에서 제공하는 수업을 듣고

인문사회적인 소양을 기른다거나 재취업의 발판으로 삼는 고령자를 발견하기가 쉽지 않은데, 이는 애초에 한국의 각 대학교에는 관련 프로그램이 마련돼 있지 않기 때문이다. 앞서 일례로 든 하버드대학교에서는 고령자들이 대학교뿐 아니라 대학원 수업에도 접근할 수 있고, 수강료를 내면 한 개의 수업만을 듣거나, 자격증을 따거나 학위를 취득하는 등의 선택이 가능하도록 했다. 수업도 인류학, 생물학, 역사, 저널리즘 등 깊이 있는 과정이 개설돼 있다. 한국에서는 국가평생교육진흥원의 대학의 평생교육체제 지원사업LiFE 차원에서 2017년부터서야 각 대학교가 단과대학뿐 아니라 학위 과정 등도 평생교육을 위해 개설할 수 있게 됐는데, 그마저도 2019년 기준으로 전국에서 참여한 대학은 30개에 불과하며 유수한 대학의 참여율은 저조한 편이다.

대학교를 전면 개방해 고령자들도 수업에 자유롭게 참여하게 하는 해외와 달리, 국내 대학교들은 아직 폐쇄적이다. 그나마 마련된 일부 대학의 수업도 대개 취미활동 위주이고, 골프, 아로마요법, 가요 작곡기법 등이 고작이다. 우리 대학교들도 20대 학생 유치에만 힘을 쏟을 것이 아니라 학습 욕구를 가진 고령자들을 끌어들이고, 재취업률을 높이는 데도 힘쓸 수 있도록 교육부가 더 적극적으로 목소리를 내야 할 때다.

욜디락스
리빙랩 만들자

지난 2008년 덴마크에서 벌어진 일이다. 공학자들이 덴마크 에그몬트학교 장애인 학생들과 숙식을 함께하며 새 제품개발에 나섰다. 장애인 보조기술 개발을 연구하는 기업과 각종 기관이 최종 사용자인 장애인들 진정한 입맛을 파악하기 위해 아예 학교에 살림을 차린 것이다. 당시 학생들은 또래 아이들처럼 당시 대박을 치던 소니의 게임기 플레이스테이션을 즐기고 싶어했다. 하지만 불편한 입력 버튼 탓에 게임을 즐기기 어려웠다. 이 어려움은 누군가 게임 전용 조이스틱을 들고 와서야 해결됐다. 학생들은 휠체어에 앉아 쉽게 게임 삼매경에 빠질 수 있도록 아예 게임 조이스틱을 휠체어에 고정해달라고 요청했다.

'유레카!' 여기서 연구는 한 단계 진전했다. 누군가 휠체어에 설치한 조이스틱으로 게임이 아닌 휠체어 운전을 해보면 어떻겠냐는 아이디어를 냈다. 이게 오늘날 전 세계적으로 널리 쓰고 있는 조이스틱 전동휠체어 개발의 시초다. '살아 있는 실험실'로 불리는 리빙랩의 효과가 입증된 셈이다. '욜디락스 테스트베드'로 불릴 수 있는 리빙랩의 개념은 2004년 미국 MIT의 윌리엄 미첼 교수가 만들었다. 당시 미첼 교수의 생각은 생활공간에서 나오는 불편함을 해소하려면 공간 안으로 뛰어 들어가야 한다는 것이었다. 그래서 그는 특정 아파트를 선정한 뒤 여기에 각종 센서와 IT 기기를 설치해놓고 사람들 반응을 관찰했다. 생활현장 속의 수요를 반영한 제품을 만들겠다는 시도였다.

이 개념이 유럽으로 확산되고 욜드 산업과 접점을 찾으면서 각종 신제품이 쏟아지는 계기가 됐다. 벨기에의 '리카랩LiCa Lab'은 12개 요양시설과 협의해 다수의 노인 치매환자를 대상으로 쉐이크의 질감이나 묽기 등을 개선하기 위한 실험을 진행했다. 그래서 만든 신제품 '탑쉐이크'가 출시된 이후 치매노인의 영양 섭취는 전에 비해 10% 가량 늘어났다.

대만의 '수언-리언Suan-Lian' 리빙랩은 교회가 설립한 노인간병센터와 협업해 실버세대 편익을 위한 다수의 제품을 내놨다. 소리전문가와 심리학자가 함께 말이 어눌한 노인의 대화를 인식해 필요한 것을 즉시 가져다주는 프로그램을 만들었다.

한국에서도 다수의 '욜디락스 테스트베드'를 만들어 세계를 선도할 만한 제품을 배출해야 한다는 주장이 힘을 받는 이유다. 청년과 노인이 뒤섞여 새로운 비즈니스 모델을 만들고, 산업간 경계를 무너뜨리는 창의적인 실험을 욜디락스 테스트베드에서 일어나게 하자는 것이다. 예를 들면 AI업체와 VR업체, 로봇업체, 의료기관이 힘을 합쳐 리빙랩 형태로 욜드 세대의 움직임을 파악하면 증강현실 기능이 가미된 '방안의 여행' 프로그램 등을 개발할 수 있다. 몸은 방 안에 있지만 VR 기기를 통해 마치 해외 관광지 현장에 있는 것 같은 효과를 구현하는 것이다. 이 과정에서 로봇업체는 의료기관과 협업해 노인의 관절 운동 범위를 고려한 최적의 로봇 팔과 다리를 만들어낼 수 있다. 단순히 VR로 관광지를 보는 것만이 아닌 방안에서 직접 현장을 걷고 돌아다니는 효과까지 거둘 수 있다는 것이다.

또한, 식품 업체와 헬스케어 업체, 의료기관은 이 과정에서 나오는 노인의 뇌파 데이터와 칼로리 소비량, 필수 영양분 등을 두루 고려해 VR로 떠나는 관광지 여행을 통해 욜드 세대 건강 향상을 극대화할 수 있는 제품군을 출시할 수 있다. 노인이 느끼는 뇌파를 분석해 노인의 우울감을 최소화할 수 있는 프로그램을 개발하는 것도 가능한 시나리오다.

의료 분야는 '욜디락스 테스트베드'가 가장 빛을 발할 수 있는 분야 중 하나로 꼽힌다. 각종 센서와 스마트폰 카메라, 웨어러블을 통해 욜드 세대 데이터를 모으고 이를 취합해 AI로 분석하면 맞춤형 처방을 내릴 수 있기 때문이다. 굳이 병원에 가지 않아도 집에서 병원에 간 것처럼 상시 치료받고 의사와 상담할 수 있다면 욜드 세대 만족도가 크게 올라갈 수 있다는 분석이 나온다.

노인 빈곤 대책은 현금 No,
복지 다각화 YES

욜드 세대를 이해하는 데 있어 노인 빈곤 문제는 절대 간과해선 안 될 부분이다. 2017년을 기준으로 한국의 만 65세에서 79세까지 해당하는 욜드 세대는 월평균 가구당 적게는 150만 원, 많게는 180만 원가량을 소비했다. 3년 전인 2014년에 비해 욜드 세대의 소비는 전체적으로 20만 원가량 늘어났다.

반면, 욜드 세대의 소득은 연간 평균 1,213만 9,333원뿐이다. 65~69세의 경우는 근로 소득과 사업 소득이 각각 22.7%와 20.4%이지만, 나이가 들수록 이 비중은 줄어든다. 대신 재산소득과 사적이전소득 등의 비중이 늘어난다. 이에 따라 평균적으로 1,412만 1,000원이던 65~69세의 연간 총 소득은 75~79세에는 평균 1,092만 1,000원으로 낮은 수준이 된다. 나이가 들수

올드 소비, 3년 새 *20만 원가량* 늘어

65-69세
168만 6천 원
183만 8천 원

70-74세
142만 원
159만 4천 원

75-79세
122만 7천 원
150만 3천 원

■ 2014년
　2017년

자료: 한국데이터거래소(KDX) & 보건복지부, 노인실태조사

록 소비 규모를 월 150만 원가량으로 줄인다고는 하지만 그만큼 소득도 줄었으니 빈곤한 생활은 어찌할 도리가 없다.

　유일하게 기댈 수 있는 곳은 가지고 있는 자산이다. 다행히 60세 이상의 순자산액은 다른 세대보다 높다. 2019년 대한민국 60세 이상의 자산은 평균 4억 원대 수준으로, 40~50대의 자산 액과 비슷한 4억 원대 수준으로 나타났다. 반면 부채와 금융부 채 액수는 30대~50대보다 적어 재무건전성이 확연하게 좋았 다. 이 같은 이유로 60세 이상의 순 자산은 50~59세를 제외하 고 다른 어떤 연령대보다도 높았다.

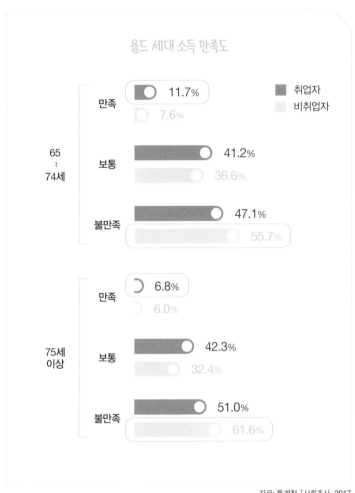

올드 세대 소득 만족도

■ 취업자
▫ 비취업자

65 ~ 74세

만족 11.7%
      7.6%

보통 41.2%
      36.6%

불만족 47.1%
        55.7%

75세 이상

만족 6.8%
      6.0%

보통 42.3%
      32.4%

불만족 51.0%
        61.6%

자료: 통계청, 「사회조사」 2017

김동배 연세대 사회복지대학원 명예교수는 노인에 대한 현금 지원사업을 두고 "기초연금이 하위 70%에게 제공된다면 충분히 '보편적인 복지'라고 할 수 있다. 현금은 필요한 분에게 선별적으로 주면 되고, 돈은 오히려 운동 프로그램이나 심리치료, 사회활동과 일자리 프로그램 등을 개발하는 데 써야 한다"고 강조했다. 특히 일자리 프로그램 개발은 비취업 노인일수록 높은 '소득 불만족도' 문제를 해결할 방법이기도 하다.

결국, 노인 빈곤 문제를 해결하려면 정부 차원에서 근로 소득이 늘어나도록 일자리 지원을 해주는 것이 무엇보다 필요하다. 단순하고 한시적 지원이 아닌, 창의성도 발휘할 수 있는 일자리일수록 좋다. 현재 국내 어르신 일자리 및 사회활동 지원사업은 크게 다섯 가지 유형으로 이뤄지고 있다. 첫째는 어르신이 학교 급식을 지원하고 홀로 지내는 어르신을 돌보는 등 자발적인 봉사활동에 참여하는 '공익활동'으로 월 27만 원을 받는다. 둘째는 어르신이 장애인시설이나 아동시설 등에서 필요한 서비스를 제공하는 '사회서비스형'으로 월 기본급 59만 4,000원을 받는 유형이다. 셋째는 '재능나눔활동'인데 월 최대 10만 원을 받는다. 마지막으로 가장 중요한 유형인 '시장형 사업단'과 '취업알선형'이 있다. 시장형 사업단은 쇼핑백 제작, 천연비누 판매 등 어르신에게 적합할 수 있는 업종으로 판단되는 분야에서 사업단을 구성해 운영하고 규정에 따라 돈을 받도록 한다. 취업알선형 사업은 구직 등록을 하면 구인 관리를 하는 기업이 어르신을 직접 채용하는 형태다.

사회 복지 관련 전문가 및 실무 관계자들이 적극적으로 개선되고 확장돼야 할 것으로 지적한 부분은 바로 '시장형 사업단'과 '취업알선형 사업'이다. 나머지 사업유형은 정부가 100% 인건비를 지원하는 사업이라 확장성도 지속가능성도 떨어진다. 그러나 민간 분야가 참여하는 경우는 다르다. 이러한 유형에선 정부가 투입하는 재정은 마중물 역할에 불과하고, 더 많은 급여를 줄 수 있으며 장기적인 근로가 가능하다. 핵심 과제로 지정되고 파이를 키워내야 하는 이유이다.

시장형 사업단과 취업알선형 사업에서 노인 일자리 매칭 실패 및 장기 고용 실패를 피하려면, 어르신의 심리를 이해하는 과정이 우선되어야 한다. 김동배 연세대 사회복지대학원 명예교수는 "정부가 관심을 갖고 노인 일자리를 개발하지만, 그렇게 만들어진 공공일자리는 소득이 얼마 되지 않는다. 노인이 일하게 된다면 스스로 시간을 투여할 만큼의 자부심을 가질 만한, 사회적으로 상당히 의미 있는 일이어야 한다"고 지적했다. 김 교수는 "주유소 주유원, 차 닦는 카워시car wash만 해도 지자체가 개발하다가 어르신들의 '체면'과 '자존심'에 안 맞아서 안 되지 않았느냐"며 "노인 스스로 참여해 자신의 삶을 비교적 독립적으로 운영할 수 있게끔 하고 거기서 인간적인 만남도 생기게 하고, 그런 일자리를 만드는 과정에서 젊은 사람들의 일자리도 늘어나도록 하는 방안이 바람직하다"고 지적했다.

결국, 경륜을 활용하거나, 또는 새로운 일에 도전한다는 느낌을 줄 수 있는 일자리를 마련하고 매칭하려는 노력을 해야 한다고 지적했다. 김 교수는 일자리 아이디어가 부족할 때는 정부가 어떤 일자리가 새로 개발되면 좋을지 노인들 스스로 아이디어를 직접 받는 창구를 마련하는 것이 좋겠다는 의견도 내놓았다. 현재 '청와대 국민청원'과 같은 형태의 정부의 인터넷 사이트가 노인 일자리 마련을 위한 용도로 별도로 마련되고 활성화된다면 대안이 될 수 있을 것이란 설명이다.

기업 관심 가져야 할 '시니어 인턴십'

미국 할리우드의 영화 〈인턴〉에서는 70살의 벤(로버트 드 니로)이 은퇴 후 삶의 공허함을 이겨내고자 줄스(앤 해서웨이)의 회사 인턴으로 입사하는 모습이 그려진다. 벤은 "뮤지션한테 은퇴란 없대요. 음악이 사라지면 멈출 뿐이죠. 제 안엔 아직 음악이 남아 있어요"라고 말하고, 오랜 경험에서 나오는 배려와 조언을 했던 벤은 전 직원의 마음을 사로잡고 꼭 필요한 존재가 된다. 이 같은 사례를 한국에서도 일부 찾아볼 수 있다.

경기도 일자리재단에는 '4060 재취업 지원사업'과 '5060 이음일자리사업' 등이 마련돼 있다. 4060 재취업 프로그램은 인

턴십과 미묘하게 다르지만, 현장직무체험 프로그램 등을 이수
한 중장년층이 원하는 일자리에 취업해 일할 수 있도록 해주는
프로그램이다. 시행 3년 차인 이 제도를 통해 그간 예순의 나
이에도 가구현장관리자 양성과정(공채 1기)을 통해 가구회사에
40~50대 8명이 입사하고, 제조업 직무체험을 통해 구직활동
을 하던 40대 중반이 이어폰 제조업체에 취직해 제2의 인생을
사는 등의 사례들이 생겨났다. 5060 이음일자리사업은 도내 중
소기업에 만 50세 이상 65세 미만 경기도민을 3개월 인턴십으
로 연계해주고, 인턴십 이후 정규직 전환 및 계속 근로 여부는
중소기업이 결정하는 프로그램이다. 인턴십은 2020년 1월 첫
시행 된다.

다만, 한계는 일부 지자체에서 시니어 인턴십으로 비슷하게
분류될 수 있는 프로그램들이 대체로 구직자의 연령대를 최장
60대로 한정한다는 점이다. 65세 이상부터는 자활 근로와 같은
직접고용 형태로 노인 일자리 사업을 별도 분류하고 있다. 현재
는 앞서 책에서 기술했듯이 65세 이상 인구도 상당히 젊게 사는
만큼, 프로그램의 다양성이 확보될 필요가 있어 보인다.

'4050 재취업 지원사업' 지원자(경기 소재 제조업체 취업) 글

"나 누구게?" 아내가 하는 말에 퇴근하는 난 기분이 좋다. 아내가 치매 판정을 받은 건 1년 전쯤이다. 힘든 일이 많았지만 잘 견디고 이겨갔는데 이 모든 게 나 때문이라는 생각이 드니 괜스레 더 미안하고 자책감이 든다. 개인사업을 하던 시절 IMF 때 주저앉았고 7~8년을 더 버티다 결국 폐업했다. 생활비로 쓴 돈을 카드로 돌려막다 아내까지 신용불량자가 되었다. 그때 내 나이 40대 중반, 어떻게든 가족을 먹여 살려야 했고 우연한 기회에 MCT라는 기술을 알게 되었다. 기술도 배우고 돈을 벌었고 10년에 걸쳐 다 갚았다. 지긋지긋한 신용불량자 신세가 끝났고, 아내는 정상인 신분이 되었다고 좋아했다. …(중략)… 하지만 그것도 잠시, 아내가 깜박하는 일이 많아지면서 혹시나 하는 마음에 간 동네 의원에서 치매 판정을 받았다. 아내의 옆에 누군가 24시간 함께 있어야 했다. 난 8년 다닌 회사를 나오고 아내를 살피고 서류를 챙겨 주간 보호센터에 등록시켰다. 내 나이 50대 중반이었고 아직 한참 돈을 벌어야 했지만, 구직을 알아보지 않았다. 그런데 어느 날 경기도 일자리재단이란 곳에서 문자가 왔다. MCT 기술자들이 대부분 어린 추세이고 나 정도의 나이는 기술직에서 일하기에는 회사에서도 버거울 것이 뻔했기 때문에 별 기대는 없었다. 상담사님은 괜찮다고 할 수 있다고 기운을 불어넣어 주셨다. …(중략)… 면접 장소에서도 최고 연장자, 이력서를 제출했을 때도 최고 연장자였시만 딩딩하게 합격해서 (지원한 회사에서) 사업에 참여하게 되었다고 연락이 왔다. 아내의 증세가 더 좋아질 수는 없는 병이지만 더는 악화하고 있지 않다. ○○○ 상담사님 늘 감사한 마음 간직하고 살겠습니다.

지속 관리 필요한 '고령자 친화 기업'

기존에 설립된 회사에서 진행하는 시니어 인턴십과 달리, 기업을 새로 설립해 주로 60세 이상을 고용하도록 하는 '고령자 친화 기업'도 의미 있는 사례다. 정부에서 최대 3억 원을 지원받을 수 있어서 좋은 아이디어만 있다면 누구든지 뛰어들 수 있다.

2020년 기준 현재 친환경 인증을 획득한 차량용 코일 매트를 생산하고 판매하는 ㈜아리아는 한국노인인력개발원에서 선정한 우수한 고령자 친화 기업으로 꼽혔다. 평균 연령 62.5세의 26명 어르신은 적지 않은 금액인 월평균 약 138만 원을 받고 일하고 있다. 어르신의 안정된 일터를 보장한 이곳은 2018년에 연매출액 76억 3,400만 원을 달성했다.

공공 영역에서는 서울 동작구와 성동구 등 지자체가 100% 출자해서 기업 설립의 주체가 되고, 해당 구청이 가진 시설에 대한 관리업무 등을 고령자 친화 기업에 외주를 주는 방식이 이뤄지고 있다. 이러한 방식의 일자리는 민간 부문과 함께 제공한다는 측면에서 볼륨도 크면서 지속성이 있다. 대표적인 사례로는 휴게음식점과 카페를 운영하는 성동 미래일자리주식회사가 있다. 성동구청이 운영하는 성동 미래일자리주식회사에는 평균 연령 66.5세의 어르신 123명이 참여하고 있는데, 월평균 83만 원을 받고 일하고 있다. 2018년 매출액은 13억 2,600만 원이다. 이 주식회사는 카페 서울숲과 엄마손만두소풍 등을 운영하며 수익사업을 하고, 공원시설물과 보건소 청사 등을 관리 운영 등을 담당하고 있다.

다만, 이들 업체는 전국적으로 수가 적을뿐더러, 자생력을 갖춘 상태가 되더라도 이후 정부의 관리 부족으로 지속성이 떨어지는 경우가 많아 보완이 필요하다. 지난 2011년 설립된 전통부각 생산판매 업체 ㈜6088식품은 한국노인인력개발원의 3년 관리 기간이 종료된 뒤에도 보조금 없이 2018년까지 자생적으로 운영된 성공적인 모델로 평가됐다. 하지만 2018년에 폐업을 했는데 그 사유에 대해 관계자는 "어르신들도 일을 열심히 하셨고 공장도 오랫동안 잘 운영됐는데, 다만 기업 대지의 임대료가 대폭 상승하면서 이사비용을 감당하지 못해 폐업한 것으로 안다"고 전했다.

차량용 매트를 제조한 업체 ㈜엠코리아의 경우도 60세 이상의 어르신이 대부분 투입돼 성공적으로 운영돼왔다. 하지만 관리 기간이 종료된 후 면밀히 지원을 해온 한국노인인력개발원도 현재 폐업 여부를 정확히 파악하지 못하고 있다. 다행히 2017년부터 한국노인인력개발원은 고령자 친화 기업으로 새로 지정한 기업에 대한 관리 기간을 3년에서 5년으로 늘렸다. 하지만 관리 기간이 종료되면 꾸준한 사후 관리가 이뤄지기 쉽지 않은 실정이라, 성공적인 기업 사례를 만들기 위해서는 사후 관리 여력을 갖추기 위한 개선 작업이 이뤄져야 할 것으로 보인다.

신중년이 컨설팅에 나선다, 재능기부로 고용 창출

인건비를 지자체(경기도)로부터 100% 보조받지만, 급여도 상당히 받고 의미 있는 일도 하는 사회공헌형 일자리 유형도 있다. 경기도 일자리재단은 '사회적 경제 성장지원을 통한 일자리 창출 사업'을 통해 신중년 층이 컨설팅에 나서는 모델을 발굴했다. 경기도에서 기획·인사·노무·재무회계·마케팅 또는 사회적 경제 기업과 관련해 10년 이상 근무 경력이 있거나 노무사·행정사·회계사·세무사 등 전문 자격증을 가진 만 40~65세가 급여를 받고 컨설턴트로 나서 경기도 내 사회적 경제를 담당하는 기업에 고용환경 개선, 판촉 마케팅 등의 조언을 하도록 한 것이다. 컨설턴트는 월 45만 원 급여와 출장비 등을 받는다. 문진영 경기도 일자리재단 대표이사이자 서강대 사회복지학과 교수는 "신중년 상당수는 금전적인 동기도 있겠지만, 사회에서 중요한 역할을 하고 싶다는 욕구가 있다"며 "사회적 기업이나 마을 기업, 사회적 협동조합 등은 사회적 가치를 추구하는 것은 좋은데 수익 마케팅은 약해서 컨설팅이 필요하고, 컨설턴트들은 직업이 없다가 직업이 생긴 것"이라며 서로 상승하는 윈-윈win-win 상황임을 설명했다.

비슷하게는 경기도 일자리재단의 '신중년 경력 활용 소상공인 금융주치의 사업'이 큰 호응을 얻고 있다. 금융주치의는 금융권에서 근로 활동을 하다가 퇴직한 이들을 선발해 경기도 내 소상공인이나 전통시장 상인들에게 금융권의 경력을 활용해 금융 서비스 제공하도록 해주는 서비스다. 국비 반, 도비 반으로 이뤄지고, 전국퇴직금융인협회와 MOU를 체결해 퇴직 금융인 중 컨설턴트를 선발한다. 대부분 50대이거나 60대 초반인 컨설턴트로, 상담을 받는 소상공인 모두의 만족도가 상당히 높은 것으로 평가됐다.

현재 노인복지 정부 사업은 데이터 연계가 떨어진다는 점이 최대 단점이다. 국민연금을 수급하고, 하위 70%에 해당해서 기초연금을 수급함에도 여전히 대다수가 빈곤층에 머문다는 점을 복지 부문 관계자들은 인정했다. 하지만 각 개인이 추가 소득이 어느 정도 필요한지에 대한 데이터 공유는 제대로 이뤄지지 않아 사업 대상자를 뽑는 과정에서 예산의 효율성을 높이거나 정책 체감도를 높이기는 쉽지 않다는 지적이다.

한국노인인력개발원 조준행 전략기획부장은 "노인 인력개발원에서 어르신들의 기초연금 수급 여부를 알기 위해 참여자 신청을 하면, 신청서가 사회보장정보원에 넘겨지지만, 사회보장정보원에서 신청자의 소득 인정액이 어느 구간에 있다는 정보만 넘어온다"고 지적했다. 각 개인의 소득, 자산과 받는 연금액수가 최저생계비보다 어느 정도 부족한지 정확하게 알 수 있다면, 이에 맞춰 일자리 매칭을 해주고 싶은데 현재로선 불가능하다는 설명이다. 금액이 크게 부족한 어르신들은 월 20여만 원 받는 공익활동을 소개받으면 삶의 만족도가 떨어질 수밖에 없다. 제한된 공적인 정보를 더 통합하고, 개방할 필요가 있다는 지적이 나오는 이유이다. 어르신 개인이 직접 찾아와 이야기하는 데만 의존하다 보면, 어르신이 생각 못 하는 다른 기회가 있더라도 알려주기 어렵고 세밀한 컨설팅에 어려움이 따를 수밖에 없다.

어르신이 과거 어느 분야에서 일했고, 강점 있는 직무가 어떤 쪽인지 데이터가 넘어오는 것도 중요하다. 일본은 한국의 고용노동부와 보건복지부가 통합된 부처인 후생노동성이 있어서 60세 이전의 이력이 자연스럽게 관리되지만, 우리 복지부의 경우는 쉽지 않은 상황이다. 고령자 데이터 공유와 관련해, 부처 통합으로 큰 차원에서 연계하고 조정하는 업무 수행을 사회적으로 논의할 필요가 있어 보인다.

5G에 반도체,
한국은 욜드 산업 최적 국가

욜드산업은 다양한 각도에서 바라볼 수 있다. 일차적으로는 욜드를 정밀 타깃팅한 맞춤형 음식·의류·서비스를 개발하는 것에서 시작할 수 있다. 하지만 이것으로는 부족하다. 산업 간 융합을 통해 한국이 욜드산업을 주도할 수 있는 전기를 마련해야 한다.

매일경제 국민보고대회팀이 한국에 욜디락스 시범단지를 조성하고 이를 전 세계에 홍보할 만한 테스트 베드로 활용하자는 제안을 하는 것도 같은 맥락이다. 한국이 글로벌 욜디락스 흐름을 주도하려면 욜디락스 생태계가 돌아갈 수 있도록 '한국형 OS'를 만들어야 한다. 그리고 테스트베드를 통해 개발한 한국형 OS를 전 세계에 수출하면 한국이 욜디락스 큰 흐름을 주도할 수 있는 길이 열린다. 욜디락스 테스트베드는 욜디락스 산업 발전을 위해 상상할 수 있는 모든 생태계가 집약된 것이어야 한다. 욜드 세대를 위한 맞춤형 주거시설부터, 대학생을 욜디락스 생태계에 끌어들일 수 있는 창업 공간도 마련되어야 한다. 그래야 욜드의 수요를 정확히 파악한 창업자들이 욜드의 입맛에 딱 맞는 맞춤형 상품을 만들어낼 수 있다. 또한 욜디락스 테스트베드는 인공지능AI · 사물인터넷IoT · 바이오 · 의료 기능이 집약된 첨단 단지 기능을 수행해야 한다. 단순히 욜드를 위한 서비스, 상품의 생산을 자극하는 곳에서 벗어나 욜드 스스로도 모르는 새로운 수요를 간파해 발굴해낼 수 있는 곳이어야 한다.

예를 들어 욜디락스 타운에 거주하는 욜드 세대의 동선을 센서로 실시간 파악하고 여기서 나오는 데이터를 수집하면, 20~30대와는 다른 욜드의 특이한 생활 패턴을 감지해낼 수 있다. 집안에서 주로 어디서 머무는지, 화장실에서 머무는 시간은 더 긴지 아닌지, 부엌에서 발견되는 특이한 동선은 무엇인지 등에서 데이터를 쌓는 것이다. 그중에서 특이하게 발견되는 포인트를 집어내고 왜 그런 결과가 나왔는지 심층적으로 분석하면 전 세계 욜드 세대를 겨냥한 맞춤형 제품이 나올 수도 있다.

특히 욜디락스 타운의 데이터가 보여줄 수 있는 가장 큰 장점은 디테일이다. 욜디락스 타운에 달린 IoT센서는 수면 시 욜드 세대의 최적 베개 높이, 침대의 기울어짐 각도, 수면 패턴은 물론 외출 시 입는 옷의 색상, 스마트폰으로 주로 보는 유튜브 동영상 종류까지 심도 있게 분석해낼 수 있다. 따라서 여기서 나온 데이터로 70대 중반 남성 욜드의 최적 침대 기울기, 80대 초반 욜드 여성의 최애 식품 등 매우 정밀한 마케팅을 펼칠 수 있는 여지가 열리게 된다. 욜디락스 타운에 있는 마트에서도 같은 이치로 욜드 세대가 주로 소비하는 상품과 서비스를 가장 정밀하게 분석해낼 수 있다.

곳곳에 들어선 AI 로봇은 욜드 세대와의 대화를 통해 은연중에 흘러나오는 욜드의 잠재수요를 파악해 빅데이터로 분석한다. AI로봇이 욜드 세대의 움직임을 보좌하고, 말벗이 되는 단계에서 한 발자국 더 들어가 욜드 세대를 '집단 심층면접Focus Group Interview·FGI' 하는 인터뷰어로 활약하는 것이다.

한국은 반도체·의료·통신 강국

이 테스트베드를 운영하기 위해 한국은 필요한 모든 기술을 다 갖추고 있다. 그것도 모두 세계 정상급 수준이다. 쉽게 말해 최고 수준의 음식 재료를 이미 보유하고 있는데, 이를 하나로 엮기 위한 '셰프의 마법'이 필요하다는 얘기다. IT 분야의 리서치 기업 가트너Gartner에 따르면, 2019년 기준으로 삼성전자와 SK하이닉스는 글로벌 반도체 시장점유율 2위와 3위를 차지했다. 삼성전자는 2019년 글로벌 반도체 시장 점유율 12.5%를 기록해 인텔(15.7%)에 이어 2위를 기록했다. SK하이닉스의 시장점유율은 5.4%로 3위였다. 두 회사 글로벌 점유율을 합하면 17.9%로 20%에 육박하는 수준이다. 욜디락스 타운에 들어가는 각종 센서 기술 측면에서 한국이 주도권을 쥘 수 있다는 뜻이다. 산학연 협력 체제 가동으로 맞춤형 센서도 얼마든지 개발해낼 수 있다.

또한, 한국은 전 세계 최초로 5G 상용화 서비스를 시행한 통신 강국이다. 우리나라 통신 3사는 2019년 4월 13일 세계 최초로 5G 서비스에 돌입하며 글로벌 5G 시장 문을 열어젖혔다. 빠른 통신 속도는 실시간으로 쏟아져 나오는 데이터를 전송하고 분석하는 데 필수 요소다. 욜디락스 테스트베드에서 나오는 데이터를 가공하고 분석해 의미 있는 결과를 도출할 수 있는 중요한 무기 중 하나다.

게다가 우리나라는 세계 최고의 의료 강국이기도 하다. 러시아와 중국, 동남아시아를 비롯한 글로벌 여러 나라에서 한국으로 '의료 쇼핑'을 올 만큼 우리의 의료 수준은 경쟁력이 있다. 2019년 보건복지부 발표에 따르면, 2017년 기준 한국 병상 수는 인구 1000명당 12.3개로 일본(13.1개)에 이어 OECD 국가 중 두 번째로 많다. OECD 평균(4.7개)의 세배 가까운 수치다. 2017년 기준 한국의 자기공명영상MRI 보유 대수는 인구 100만 명당

29.1대, 컴퓨터단층촬영기(CT 스캐너)는 인구 100만 명당 38.2 대로 모두 OECD 평균(17.4대와 27.8대)을 웃돈다. 다시 말해 병원 인프라와 첨단 기기에서 모두 우리나라의 의료기술은 세계 정상권이라는 얘기다. 따라서 우리의 반도체와 통신 역량, 의료 수준을 집약한 욜디락스 테스트베드는 성공 가능성이 매우 높다는 추론을 할 수 있다.

중국 욜드 3억 명 시장 공략해야

우리는 이런 식으로 확보한 한국형 욜디락스 생태계를 활발하게 수출하는 비전을 세워야 한다. 우리의 발달한 반도체, 로봇 등 IT 기술과 의료기술, 바이오와 통신 기술을 섞어 한국형 '욜디락스 OS'를 만든 뒤 이를 해외에 수출해 글로벌 '한국형 욜디락스 타운'을 만드는 것이다. 이렇게 표준을 장악하고 해외시장에 진출하면 여기에 들어가는 각종 기술과 부품에 '메이드 인 코리아' 마크가 찍힐 확률이 매우 높아진다. 글로벌 고령화가 진행될수록 우리나라는 더 큰 수혜를 볼 수 있는 구조다.

이웃 나라 중국은 한국산 욜디락스 OS가 가장 먼저 진출을 시도해야 할 시장으로 꼽힌다. 중국 국가통계국에 따르면, 지난 2018년 기준 중국의 60세 이상 인구는 2억 5,000만 명에 달한다. 2025년경에는 60세 이상 인구 비중이 3억 명, 2030년에는 3억 6,000만 명에 달할 것으로 예상된다. 곧 전체 중국 인구의 4분의 1이 60세 이상이 된다는 말이다. 불과 10년 사이에 60세 이상의 인구가 1억 명 늘어나 대한민국 전체 인구 두 배만큼의 실버 시장이 새로 만들어지는 셈이다.

우리로서는 놓칠 수 없는 시장이다. 중국 실버 시장 접근 방식에는 여러 가지 시나리오를 세울 수 있다. '톱다운(하향)'과 '바텀 업(상향)' 방식이 모두 통용된다. 개별 기업으로서는 중국의 실버 내수산업을 각개전투로 돌파해야만 한다. 중국 전자상거래 업체 징둥닷컴이 2018년 내놓은 보고서에 따르면, 중국의 60세 이상 노인층이 가장 관심을 가지고 구매하는 품목으로는 가구, 신선식품, 가전, 의약품, 건강기능식품 등이 꼽힌다. 이와 함께 고급화장품, IT 기기, 건강용품 등도 장래가 유망한 분야다.

예를 들어 중국 내 실버 화장품 산업은 아직 초기 단계여서 글로벌에서 검증된 상품을 선호하는 경향이 강하다. 아모레퍼시픽 프리미엄 브랜드 설화수의 안티에이징 제품 '자음생에센스'의 2019년 중국 내 판매량이 전년 대비 63%나 껑충 뛴 것도 이같은 이유에서 찾을 수 있다. 또 성인용 기저귀 판매량은 2009년 4억 9,000만 개에서 2014년 24억 7,000만 개로 급증했는데, 로컬기업이 생산한 제품은 경쟁력이 떨어져 이 역시 시장 공략 여지가 크다.

그러나 좀 더 관심 있게 지켜봐야 하는 것은 욜디락스 생태계 자체를 이식하는 '톱 다운' 방식이다. 예를 들어 일본의 파나소닉이 중국에서 실버타운 건설에 본격적으로 나선 것이 대표적인 사례다. 파나소닉은 한국에서 주로 전자기기를 만드는 회사로 알려졌지만, 실상은 사뭇 다르다. 주택 부문이 매출의 절반을 넘을 정도로 다루는 산업 비중이 다양하다. 특히 주택 안에 들어가는 각종 물품(가전, 설비, 주방용품 등)을 두루 생산하는 것으로 유명하다. 파나소닉은 2020년 중국 상하이와 장쑤성에서 총 800 가구의 '파나소닉 타운'을 착공할 계획이다. 여기에 파나소닉이 강점을 보이는 인공지능과 사물인터넷을 적극적으로 도입할 계획이다. 파나소닉이 지은 집에 파나소닉이 생산하는 각종 센서와 기계를 두루 탑재해 생태계 전반을 수출하는 개념이다. 예를 들어, AI가 분석한 데이터를 기반으로 쾌적한 수면을 가능하게 하는 조건을 만든다든지, 화장실이나 침실에서 혈압 등을 측정하여 고령자들의 상태를 실시간으로 파악하는 시스템을 집어넣겠다는 것이다.

예를 들면 한국 역시 삼성그룹 차원에서 삼성물산이 건축을 담당하고 삼성전자가 반도체와 스마트 가전을 생산, 삼성SDS가 데이터 분석을 하고 삼성병원이 의료서비스를 제공하는 큰 그림을 그려볼 수 있다는 얘기다. 그룹의 경계를 뛰어넘어 현대건설과 LG전자, KT와 카카오가 손을 잡고 중국 실버 산업 진출을 위한 큰 그림을 그릴 수도 있다.

중국 못지않게 베트남을 비롯한 동남아 시장도 주목해야 할 대상이다. 이들 나라 역시 최근 들어 정년을 잇달아 연장하는 등 사회 구조를 혁신해 고령화에 대처하려는 시도를 적극적으로 진행하고 있다. 싱가포르는 현행 62세인 정년을 2022년 63세로, 2030년 65세로 연장하는 정부안을 확정했고 2019년 베트남도 현행 60세(여성은 55세)인 정년을 2021년부터 62세(여성 60세)로 연장했다. 이에 앞서 인도네시아 역시 2016년 당시 57세인 정년을 3년마다 1년씩 연장해 2043년에는 65세까지 연장하기로 하는 데 합의한 바 있다.

김정근 강남대 실버 산업학과 교수는 "중국과 동남아 시장은 한국 욜드산업이 금맥을 캐야 할 핵심 중에 핵심 지역"이라며 "한국에서 세계 최고 수준의 욜드산업 생태계를 먼저 만들고 이를 기반으로 적극적으로 해외로 나가려고 시도해야 한다"고 주장했다.

올드 자존심부터
살려주자

미국에서 케첩, 통조림을 만드는 회사 하인즈는 1955년 노인 전용 영양식 통조림을 개발했다. 개발 과정은 이랬다. 이가 성치 않은 노인들이 하인즈에서 만드는 유아식 거버를 사 먹는다는 사실에 무릎을 친 것이다. 아예 노인 전용 거버를 만들면 대박이 날 거란 생각을 했다. 언론에서도 대서특필했다. 하지만 야심차게 출시한 신제품은 아무도 찾지 않았다. 50세 이상을 위한 기술과 디자인을 연구하는 MIT 에이지랩을 창립한 조지프 F 코글린은 본인의 저서 〈노인을 위한 시장은 없다〉라는 책에서 이 같은 분석을 내린다. 노인이 만약 이 제품을 고른다면 '나는 늙고 이도 성하지 않았다'는 걸 알리게 된다는 것이다. 어린이용으로 나온 거버를 살 때는 손주 먹이기 위해 산다고 둘러댈 수 있지만,

노인 전용 제품을 살 때는 그렇게 말할 수 없다는 애기다.

지난 2011년 롯데백화점이 서울 소공동 본점에 오픈한 '실버 기프트 편집숍'이 실적 저조를 이유로 2년 만에 문을 닫은 것도 비슷한 맥락이다. 롯데 측은 실버 시장의 잠재력에 주목해 건강 보조식품과 의료용품을 한곳에 모아 대형 편집숍을 개설했지만, 정작 욜드 세대는 대문짝만하게 붙은 '실버'라는 단어를 보고 매장을 외면했다. 욜드 소비자들은 매장에 제 발로 들어가 자신이 실버라는 신호를 주고 싶지 않았던 것이다.

1955년 노인용 거버와 2011년 롯데백화점 실버 편집숍의 실패는 많은 것을 시사한다. 날로 성장하고 있는 욜드시장에 대응하기 위한 기업에게 적잖은 울림을 준다. 핵심은 '욜드, 자존심부터 살려주자'라는 메시지다. 노인의 지갑을 열고 노인의 만족감을 극대화하기 위해 단순히 기능적인 측면에만 집중하면 반드시 실패한다는 애기다. 특정 서비스나 제품을 고르는 노인의 심리에 '나는 여전히 건강하고 매력적이며, 사회로부터 소외된 존재가 아니다'라는 외침이 바탕에 있음을 인식해야 한다는 애기다.

욜드 전문가들 사이에서 '실버를 버려야 실버가 찾아온다'는 주장도 같은 맥락이다. 욜드 세대를 위한 기능적 향상에는 주목하되 겉으로 봐서는 전혀 욜드 전용 상품인 티를 내지 말아야 한다는 애기다.

1인당 GNI
5만 달러 시대를 위하여

〈매일경제〉는 경희대 고령친화융합연구센터와 공동으로 한국의 욜드 산업이 미래 창출하는 부가가치를 전망해 보았다. 여기서 나온 전망은 시사하는 바가 크다. 분석에 따르면, 지난 2015년 39조 원에 불과했던 한국 욜드산업의 부가가치는 2020년 72조 원까지 성장하고 오는 2030년에는 168조 원까지 급증할 것으로 분석됐다.

분야별로는 용품 분야가 40조 2,828억 원, 요양 분야가 26조 3,602억 원, 의약품 분야가 26조 5,458억 원가량을 차지할 것으로 전망된다. 의료기기 분야는 21조 2,243억 원, 식품 분야는 24조 2,563억 원 정도의 부가가치를 낼 것이란 게 분석을 통해 나온 전망이다. 김영선 경희대 교수는 "용품 분야의 경우 단순히 노인용으로 제작된 휠체어나 침대를 생각해서는 안 된다"며 "IT 기술과 적극적으로 협업하면서 욜드의 활동을 돕기 위한 매우 참신한 세품이 두루 생산되며 산업의 폭을 넓힐 것"이라고 전망했다.

전망치대로 2030년 욜드산업의 부가가치가 168조 원을 차지할 경우, 욜드산업은 한국 1인당 GNI를 약 2,500달러 상승시킬 수 있다. 2018년 우리나라 1인당 GNI가 3만 3,433달러임을 고려하면 적지 않은 수치다. 욜드산업이 차지하는 부가가치가 한국 1인당 GNI를 약 7.5% 올릴 만큼 강력한 수단이 될 수 있다는 얘기다. 자칫 여기서 우리의 대비가 늦어지면 욜드산업이 주는 과실을 제대로 따먹지 못할 공산도 크다. 게다가 중국, 베트남 등 인접 시장이 창출하는 부가가치까지 감안하면 욜드산업이 한국 경제에 주는 긍정적인 전망은 더욱 장밋빛으로 변할 수 있다. 나아가 우리보다 일찍 고령화 사회에 대비한 일본이나 유럽의 시장도 후발주자인 한국이 공략할 여지가 있다. 핵심은 IoT, AI를 비롯한 기술과 이를 적시 적소에 활용하기 위한 상상력이 될 것으로 보인다. 김영선 경희대 교수는 "욜드 산업을 노인이란 굴레를 씌워 좁게만 바라보면 큰 기회를 놓칠 수 있다"며 "플랫폼 간 연계를 통한 산업군 간 협력, 대학과 정부와 기업의 시너지 등 큰그림에서 산업을 바라봐야 한다"고 조언했다.

욜드 산업
꿀팁 4가지

나이가 들면서 신체에 변화가 일어나지만 가장 신경 쓰이는 것 중 하나가 오감의 저하다. 이 중 특히 청각은 눈에 띄지 않지만, 능력이 떨어질 때 고령자들에게 가장 불편을 주는 요소 중 하나다. 대한이과협회는 65세 이상 인구 중 약 38%가 노인성 난청이 있을 것으로 추정했다. 고령자 중 약 300만 명이 듣는 데 어려움을 겪고 있다는 뜻이다. 보청기를 하면 어느 정도 해결할 수 있지만, 외형이 좋지 않고 음량 조절이 어려워 고음 스트레스에 사용을 꺼리는 사람들이 많다.

이 같은 문제를 해결하기 위해 음향기기 제조업체들이 나서고 있다. 특히 우리보다 앞서 고령화가 진행된 일본에서는 난청자가 보청기 없이도 잘 들릴 수 있도록 다양한 스피커를 내놓으면서 노인 난청자에 대한 대응책을 마련하고 있다. 일본에서는 듣는 것에 문제를 느끼는 사람이 10명 중 1명에 달하는 것으로 알려져 있다. 외부 요인에 의한 후천적 장애도 포함되지만, 대다수가 고령으로 인한 문제일 것으로 추정되고 있다. 그러나 2018년 일본보청기협회 조사에 따르면, 이들 중에서 보청기 등 보조기구를 통해 난청을 해결하는 사람은 14.4%에 불과했다. 100명 중의 85명은 잘 들리지 않는 채로 일상생활을 보내고 있다는 계산이다.

청각 문제는 대체로 50대 초반부터 서서히 발생하기 시작해 80대부터는 일상생활에 불편을 느낄 정도로 증가한다. 난청은 소리를 전달하는 부분의 문제가 원인인 전음성 난청과 소리를 감지하는 부분의 문제인 감음성 난청으로 나뉘는데, 고령자 난청은 다수가 감음성 난청이 원인이다. 고음(고주파) 영역을 잘 듣지 못하고 소리의 방향을 감지하는 능력이 떨어지는 것이 특징이다. 고령자가 자신이 난청이라는 사실을 인정하고 가족들과 함께 해결책을 찾으려고 노력한다면 보청기 등 보조기기를 통해 극복할 방법이 있다. 하지만 노이즈 발생, 중이염 우려 등 불편함을 호소하는 사람이 많아 착용률은 높지 않은 편이다. 보청기를 사용하고 있다는 사실을 알리고 싶지 않은 마음에 착용을 꺼리는 사람도 많다. 청각에 문제가 생기면 커뮤니케이션 문제로 이어진다. 이 같은 문제를 해결하기 위해 나선 기업이 사운드펀이다.

멀리서도 언어 전달이 잘 되는 '미라이 스피커' 개발

사운드펀이 개발한 '미라이 스피커'는 난청자도 잘 들을 수 있는 특수한 스피커다. 일반적으로 스피커는 원형의 진동판이 전기 신호를 받아 진동하면서 음성신호가 재생되는 원리다. 이와 달리 미라이 스피커는 평면의 진동판을 활처럼 굽혀 만들어진 곡면을 통해 소리를 전달한다. 탄소섬유나 유리섬유 플라스틱을 사용해 만든 진동판은 휘어지기 전에는 고요한 상태에서 소리가 거의 들리지 않지만 굽혀짐과 동시에 소리가 튕겨 나가듯이 들린다. 일반적인 스피커는 멀어질수록 음량이 줄어드는 반면 미라이 스피커는 지향성이 강하고 넓어서 먼 거리에서도 선명하게 소리를 전달한다.

이 제품은 처음부터 귀가 잘 들리지 않는 고령자의 고민을 해결하겠다는 목표로 2013년부터 개발이 진행됐다. 사운드펀 창업자이자 미라이 스피커 개발자인 사토 가즈노리 씨는 난청으로 고생하는 아버지를 돕기 위한 제품을 고민했다. 그 과정에서 축

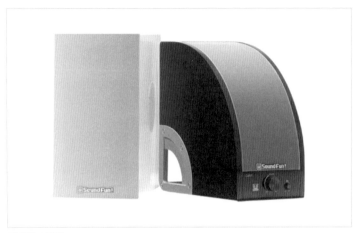

미라이 스피커

음기에서 나오는 소리가 난청자에게도 잘 들린다는 대학교수의
연구결과를 바탕으로 제품개발을 진행했다. 난청자가 가진 문제
중에서도 특히 말을 잘 전달할 수 있도록 고안하면서 커뮤니케
이션 솔루션을 제공하는 측면에서 접근했다.

2015년 미라이 스피커가 첫 제품을 시장에 선보였을 때 난청
자들 사이에서 화제가 됐다. 고령화가 빠른 속도로 진행되는 일
본 사회에서 고령자를 위한 맞춤형 제품이 출시됐다는 사실에
언론들도 주목했다. 특히 고령자를 돌보는 가족들 사이에서는
이 제품에 대한 기대가 크다는 반응이 나왔다. 방송이나 신문에
제품이 소개되면 제품 구매를 의뢰하는 전화가 사무실로 이어지
기도 했다. 그러나 가장 큰 걸림돌은 가격이었다. 첫 출시 당시

제품 가격은 1대당 22만 엔(약 220만 원)으로 가정용으로 사기에는 상당히 고가였다. 아무리 음의 전달력이 좋은 제품이라고 해도 개인이 부담하기는 쉽지 않은 가격대였다.

제조사도 이 같은 문제를 인식하고 기업 간 거래B2B로 판로를 개척했다. 먼 곳에서도 잘 들리고 넓은 범위에 소리를 전달할 수 있는 특성으로 대중을 대상으로 하는 스피커로 홍보한 것이다. 공공시설, 기업 등 업무 목적의 소비자를 공략한 것이다. 불특정 다수에게 정확한 정보전달을 해야 하는 업체들이 관심을 가지면서 철도, 공항, 은행, 병원 등 500여 개 기업이 미라이 스피커를 도입했다.

재해 및 재난 상황에서도 적극적으로 활용되고 있다. 폭우 상황에서 빗소리로 인해 난청자들이 재난방송을 듣지 못해 피해를 보는 경우가 많다. 이 같은 위기 상황에 대비하기 위해 미라이 스피커를 설치하려는 지자체가 늘고 있다. 기업에서도 재난훈련에 미라이 스피커를 활용하거나 재난 상황에 대비해서 휴대용 미라이 스피커를 준비하는 경우가 늘고 있다. 세대를 불문하고 의사전달을 원활히 하려는 의도이지만 가장 혜택을 보는 것은 난청자인 고령자라는 것이 이 회사의 설명이다.

법인 대상 판매를 통해 제품 인지도가 높아지면서 이제 일반 소비자를 대상으로 판로 확대에 나서고 있다. 연구개발을 통해 소형화된 가정용 제품이 개발되면서 가격도 5만 엔(약 50만 원)

대로 떨어졌다. 더욱더 많은 난청자가 이용할 수 있도록 월정액 2,980엔(약 3만 원)에 이용할 수 있는 구독 서비스도 마련해 정가에 사지 않고도 이용할 수 있도록 했다. 앞으로는 다른 업체와의 제휴를 통해 제품 내에 미라이 스피커의 기술을 반영하는 방안도 검토하고 있다. 현재 미라이 스피커는 분리된 제품을 기존 제품과 연결해야 하는 한계가 있다. 그러나 양산 제품에 미라이 스피커 기술이 적용되면 난청 소비자가 따로 미라이 스피커를 사지 않아도 잘 들을 수 있다는 점에서 적극적으로 협의가 진행되고 있다. 특히 가전업체와의 논의가 활발히 진행되면서 텔레비전, 라디오 등 고령자가 자택에서 즐기는 전자기기에 적용될 가능성이 크다. 해외 진출을 고려해 이미 8개국에서 특허를 획득한 상태다.

일본 최대 광고대행사 덴쓰의 사이토 도오루 덴쓰시니어프로젝트 대표는 "미라이스피커는 '발상의 전환'을 통해 만들어진 제품"이라고 평가했다. 보청기 착용을 거부하는 난청자에게 스피커를 통해 잘 들리는 환경을 만들어줌으로써 시니어가 필요로 하는 새로운 기술을 제공했기에 긍정적이라는 평가다. 사이토 대표는 "미라이스피커는 혁신이라고 부를 수 있는 발명이지만 그 원점이 과거에 사용되던 축음기에 있다는 점이 대단하다. 혁명이라는 것은 새로운 것을 찾아내는 것뿐만 아니라 지금까지 존재해온 것에서 발전시키는 것을 포함하는 것이라는 것을 미라

야마지 히로 사운드펀 대표

이스피커를 통해 배웠다"고 말했다.

다음은 야마지 히로 사운드펀 대표와의 일문일답이다.

Q 제품개발 경위는 어떻게 되나?

야마지 　나고야대학교 교수가 축음기로 귀가 잘 들리지 않는 노인에게 음악을 들려줬더니 일반적인 스피커보다 잘 들렸다는 실험을 진행했다는 얘기를 듣고 그걸 계기로 미라이 스피커 개발에 나섰다. 축음기에 달린 스피커는 곡면의 판이 합쳐진 형태다. 이 안에도 막대가 인간의 장과 같이 얽혀있다. 그런 곡면의 판이 공명하는 소리가 난청자나 고령자에게 잘 들린다는 점에서 착안해 곡면의 판을 진동시키는 스피커를 만들었다. 보통 스피커는 원형으로 진동판이 피스톤 운동을 하면서 소리를 내지만 미라이 스피커는 곡면의 판을 진동시키는 원리다. 간단하게 말하면 음이 나오는 곳에 평면의 판을 대고 구부리면 소리가 확산하는 원리를 이용했다.

Q 원리 자체는 크게 어려워 보이지 않는데 이를 응용한 제품을 만들기로 한 계기는 무엇인가?

야마지 이게 난청자에게 잘 들린다는 점을 실증실험을 통해 증명했다. 사회 과제 측면에서 고려하면 일본에는 난청자가 1,400만 명이다. 세계보건기구WHO에서는 5억 명으로 추산한다. 이 수치는 점차 증가 추세로 2050년에는 9억 명으로 늘 거라는 예측이 나오고 있다. 일본의 65세 이상의 경우 3분의 1이 난청자다. 커뮤니케이션 능력이 떨어진다는 점은 일상생활에서 위험 요소를 키우는 것과 같다. 소리를 잘 듣지 못하면 인생을 즐기지도 못한다. 고령자들이 홀로 집에서 의지하는 텔레비전도 소리를 듣기 어려워 쉽게 즐기지 못한다. 재난 상황을 인지하기 어려워 위험에 빠지기도 쉽다. 난청자의 경우 스트레스로 인해 일반인과 비교하면 알츠하이머에 걸리기 쉽다는 연구도 있다. 이런 상황에서도 일본의 보청기 보급률은 14.1%에 불과하다. 잘 들고 싶지만 불필요한 소리까지 들리는 걸 싫어하는 사람들은 보청기 착용을 꺼린다. 미라이 스피커는 이런 수요에 조금이라도 도움이 됐으면 하는 마음으로 만들었다. 제품이 내는 음의 특성은 거리와 폭과 관계없이 소리가 확산이 잘된다는 점이다. 특히 단어가 명료하게 들린다는 점에서 커뮤니케이션 능력 향상에 도움을 준다. 자체 조사결과 난청자의 약 80%가 미라이 스피커를 통해 잘 들을 수 있게 됐다고 평가했다.

웨어러블과 명품시계를 연계?

욜드 웨어러블은 데이터 기반 욜드산업을 육성하는 데 핵심 제품이 될 수 있다. 여기서 나온 데이터로 욜드의 생활을 분석하고 욜드가 진정 원하는 제품을 개발할 때 요긴한 수단으로 활용할 수 있다. 그것은 스마트워치가 될 수도 있고 팔찌나 시계, 혹은 목걸이 형태가 될 수도 있다. 하지만 그것이 욜드 세대에게 본인이 65세 이상임을 드러내는 매개체로 보여진다면 아마도 그것은 인기가 없을 가능성이 높다. 하지만 명품 업체와 손잡고 세련된 디자인의 '하이퀄리티 제품'으로 만들어낸다면 얘기가 다를 수 있다. 예를 들어 삼성전자가 스마트폰과 연계해 위급 사항에 대비해 노인의 맥박, 호흡, 수면 습관 등을 실시한 측정하는 스마트워치를 내놓고 이를 명품 업체 오데마피게 등과 제휴해 만드는 것이다. 마찬가지로 명품 업체와 제휴해 패션 지팡이를 만들거나 SUV에 노인의 데이터를 수집하는 IoT 시스템을 갖추고 이를 판매하는 전략을 세울 수도 있다.

대학과 보험이 만나면?

대학교는 욜드를 기반으로 한 신산업 발전에 핵심수단이 될 수 있다. 한 예로, 친고령특성화대학원을 운영하는 경희대학교는 대학교와 기업이 주도하는 네트워킹(Aging 2.0)을 대안으로 구상하고 있다. 고령 친화 산업 기업을 늘려가는 과정에서, 대학교가 정책 연구과제를 반영해 기업 수요에 기반을 둔 기업 간 네트워킹을 맞춤형으로 제공한다는 계획이다. 이러한 플랫폼 안에서 유망한 기업은 별도로 소개되면서 성장이 지원되고 투자자도 더 쉽게 유치된다. 대학교는 고령자에 대한 데이터를 연구 분석자료로 내놓아 기업에 맞춤형 정보도 제공할 수 있다. 2019년 기준 경희대의 네트워킹 플랫폼에는 80개의 기업이 참여하고 있는데, 2020년은 100개까지 늘린다는 계획이다.

실제 경희대학교의 자문을 받아, KB금융지주는 금융업계 최초로 요양사업 자회사인 KB골든라이프케어를 설립한 뒤, 서울

강동에 이어 위례에도 요양시설을 지었다. 4인실 또는 6인실의 기존 요양병원과 달리, 도심에 1인실 위주로 맞춤형 케어를 해주는 것이다. 특기할 만한 점은 장기적으로는 최초로 금융과 주거가 결합된 모델을 만든다는 계획이다. 데이터3법이 국회를 통과한 만큼 요양시설에서의 건강정보를 경험 통계로 축적하면서 요양 서비스의 질을 높이는 한편 보험 상품 개발에도 활용될 것으로 기대하고 있다. 사회적인 차원에서는 요양 서비스를 심층적으로 배우고 연구·개발 차원에서 공유하는 실험실lab 형태 등으로 활용 가능할 것으로 보인다.

AI가 욜드 말벗도 되네

고령 친화 스마트 에이징 분야에선 SK텔레콤과 SK하이닉스가 AI스피커 누구NUGU를 독거노인의 집에 설치하고 있다. 누구는 첫째로는 돌봄 알림 서비스를 통해 음성으로 말벗이 되어주고, 둘째로는 약 먹는 시간을 알람 서비스를 해주고 그날의 컨디션에 따라 가까운 보건소를 알려주는 등의 건강 정보를 제공한다. 셋째로는 치매 예방 퀴즈 '두뇌톡톡'을 통해 치매 발생을 5년가량 지연시킨다. 경희대는 여기에 AI에 치매 노인들이 낮에 배운 인지재활 활동을 밤에도 학습할 수 있도록 인지 재활 기능을

EU 성장 가능성 분석(2020년 2월 21일 환율 기준)

구분	내용
온라인 처방전	2020년 전 세계 온라인 처방 시장 규모 2조 4,210억 원
로봇·게임	2016년 유럽의 고령 인구를 보조해주는 로봇기기 시장 규모 170억 1,739만 원
실버 투어리즘	65세가 넘은 유럽인 여행자, 평균 하루에 7만 원, 86조 3,690억 원을 소비하며 EU 28개국의 전체 여행 지출액의 16%를 차지. 전 세계적으로는 50세가 넘은 인구가 연평균 투어로 142조 6,843억 원을 사용. 이는 각국의 GDP의 3%에 가깝고 10만 개의 직업을 새로 창출하는 데 기여.
자율주행차·웨어러블	2025년 전 세계 자율주행차 시장 규모 50조 8,410억 원, 2035년에 93조 2,085억 원이 될 것으로 전망.
스마트홈 솔루션	2020년 전 세계 스마트홈 시장 70조 2,090억 원으로 추정.

자료: The Silver Economy Final Report(2018), EU

추가한다거나, 고령자가 움직이는 동안 낙상 위험이 생기는 경우 미리 알려준다거나, 균형 잡힌 식단을 추천해주는 기능 등을 추가할 수 있도록 아이디어를 제시해주고 있다.

대학교는 기업 간의 네트워킹 과정이 이뤄지게 하는 과정에서 고령자의 재취업에도 도움을 주는 등의 역할도 할 수 있다. 실버 경제는 한 분야에만 집중해서 달성될 수 있는 것이 아니다. 실버타운을 짓더라도 집만 짓는 것이 아니고, 식사하고 재활 물리치료 프로그램 등도 들어가야 하는 만큼 기업 간 서로 네트워킹을 통해 데이터를 공유해 합리적인 서비스를 만들어내는 것이 중요하다.

대학교가 플랫폼을 직접 제공해주는 결과, 기업들은 더 적극적으로 실버경제에 뛰어들 수 있다. 뱅크오브아메리카와 글로벌 노화연합의 분석에 따르면, 세계 실버경제의 규모는 2017년엔 7조 달러이지만, 2020년에는 15조 달러로 1.7배가 증가한다. EU가 미래 성장 가능성이 큰 것으로 꼽은 실버경제 분야는 온라인 처방전, 로봇과 게임, 실버 투어리즘, 노년층을 타깃으로 한 자율주행차와 웨어러블(안경이나 시계 등으로 착용하는 각종 IT 기술), 예방 의학과 기능성 음식, 개인 맞춤형 영양 분석 등이다. 이는 모두 기업의 성장 가능성이 무궁무진한 분야이다.

욜디락스와
세 마리 곰

영국 전래동화 《골디락스와 세 마리 곰》에서 골디락스를 기억하는 이들은 많아도 세 마리 곰을 기억하는 경우는 별로 없다. 세 마리 곰이 예쁜 금발 머리 소녀 골디락스와 비교하면 매력이 떨어져서일 수도 있고, 별로 중요한 캐릭터가 아니어서 그럴 수도 있다. 하지만 사실 세 마리 곰이 이야기의 가장 중요한 실마리다. 예쁜 소녀 골디락스는 숲속을 헤매다가 한 오두막을 발견한다. 노크했는데 아무도 나오지 않자, 골디라스는 그냥 집에 들어간다. 부엌에 간 골디락스는 죽 세 그릇이 식탁이 놓여 있는 것을 발견한다. 첫 번째 죽은 너무 뜨거워서 먹을 수가 없었고, 두 번째 죽은 너무 차가웠다. 마지막 세 번째 죽은 마침 먹기 좋게 식어 있었고 골디락스는 세 번째 죽을 하나도 남김없이 먹어치웠다. 식사를 마친 골디락스는 거실로 향했다. 거실에는 세 개의 의자가 있었는데, 첫 번째 의자는 너무 컸고, 두 번째 의자는 너무 작았다. 마지막 세 번째 의자는 딱 맞는 크기였으나 골디락스가 앉자 곧장 부서져 버렸다. 피곤해진 골디락스는 침실로 갔다. 이번에도 역시 세 개의 침대가 놓여 있었는데, 첫 번째 침대는 너무 딱딱했고, 두 번째 침대는 너무 푹신했다. 이번에도 세 번째 침대는 적당했다. 골디락스는 세 번째 침대에서 잠이 들었다.

얼마쯤 잤을까. 집주인인 세 마리 곰이 집에 돌아와 보니 식탁은 엉망이 되고, 거실 의자가 부서진 걸 발견한다. 안방에서 찾아낸 것은 처음 보는 소녀 골디락스. 그래서 이 이야기의 '골디락스'는 뜨겁지도 차갑지도, 크기도 작지도, 혹은 딱딱하지도 푹신하지도 않은 '적당한'이라는 의미로 구전되었다.

2020년 이후 한국경제가 만나게 될 초고령화 사회의 위기를 '욜디락스'로 돌파하고자 한 것도 노령화의 '세 마리 곰' 때문이다. 20세 미만 청소년이 모두 같지 않듯이 65세 미만도 모두 같은 노령층이 아니다. 앞으로 기대수명이 늘어나 100세 시대가 시작되면 더욱 그렇게 될 것이다. 세 마리 곰처럼 모두 다를 수밖에 없다.

음식을 예로 들어보면, 어린이들은 연령대에 따라 음식이 세분돼 있다. 5세 미만과 5세 이상은 먹는 음식의 종류부터 달라진다. 치아의 개수에 따라 먹을 수 있는 게 당연히 달라지기 때문이다. 65세 이상과 75세 이상도 마찬가지다. 개인적인 치아 건강에 따라 소화할 수 있는 음식의 종류와 조리법도 천차만별이다. 그런데도 여전히 65세 이상을 바라보는 잣대는 그저 '노령층' 하나다. 노인식이라는 장르는 65세인지 75세인지를 구분하지 않고, 아무나 노인이라 칭한다는 얘기다.

하지만 앞으로 '욜드'라는 새로운 세대가 등장하면서 노령층의 세대 간 분화는 더욱 심화할 것이라고 본다. 앞선 장에서 살펴봤듯이 욜드가 원하는 것은 천향지차다. 활동적인 운동을 좋아하는 어른부터 유튜브 크리에이터가 된 어른까지 취향도 실로 다양하다. 그런 것도 모르면서, 어르신들은 모두 정적인 운동을 좋아하고, 집에서 드라마 다시보기나 즐길 거라고 추정하는 것은 착각이자 오만이다.

욜드는 여생을 조용히 보내고 싶어 하는 고령자가 아니다. 새로운 라이프 스타일을 창조하고, 소비에 앞장서는 새로운 어른들이다. 65세 이상 인구는 이제 하나로 규정짓기 힘든 세대가 됐다. 고령자 시장을 타깃팅하는 마케터들은 좀 더 세분화된 취향에 집중해야하고, 노령층을 위한 사회복지정책도 세분화되어야 하는 게 맞다. 골디락스가 세 마리 곰의 침대에 모두 누워보고 누울 자리를 골랐듯이, 욜디락스 시대엔 욜드 하나하나에 세분화된 맞춤형 전략이 절실하다. 세 마리 곰이 가져다준 가장 중요한 실마리는 바로 그것이었다.

올드 이코노미

초판 1쇄 2020년 3월 18일
초판 2쇄 2020년 3월 26일

지은이 매일경제 국민보고대회팀
책임편집 홍은비
마케팅 신영병 김형진 이진희
디자인 김보현 김신아

펴낸곳 매경출판(주) **펴낸이** 서정희
등록 2003년 4월 24일(No. 2-3759)
주소 (04557) 서울시 중구 충무로 2(필동1가) 매일경제 별관 2층 매경출판(주)
홈페이지 www.mkbook.co.kr
전화 02)2000-2610(기획편집) 02)2000-2636(마케팅) 02)2000-2606(구입 문의)
팩스 02)2000-2609 **이메일** publish@mk.co.kr
인쇄 · 제본 ㈜M-print 031)8071-0961
ISBN 979-11-6484-098-4(03320)